国家意识形态安全建设挑战与应对

高德胜 ◎ 主编
周笑宇 ◎ 副主编

人民日报出版社
北京

图书在版编目（CIP）数据

国家意识形态安全建设挑战与应对 / 高德胜主编. —北京：人民日报出版社，2021.11
ISBN 978-7-5115-7176-2

Ⅰ.①国… Ⅱ.①高… Ⅲ.①意识形态－研究－中国 ②国家安全－研究－中国 Ⅳ.① B27 ② D631

中国版本图书馆 CIP 数据核字（2021）第 225118 号

书　　名：	国家意识形态安全建设挑战与应对
	GUOJIA YISHI XINGTAI ANQUAN JIANSHE TIAOZHAN YU YINGDUI
作　　者：	高德胜
出 版 人：	刘华新
责任编辑：	蒋菊平　徐　澜
版式设计：	九章文化
出版发行：	人民日报出版社
社　　址：	北京金台西路 2 号
邮政编码：	100733
发行热线：	（010）65369509　65369527　65369846　65369512
邮购热线：	（010）65369530　65363527
编辑热线：	（010）65369528
网　　址：	www.peopledailypress.com
经　　销：	新华书店
印　　刷：	大厂回族自治县彩虹印刷有限公司
法律顾问：	北京科宇律师事务所　010-83622312
开　　本：	710mm×1000mm　1/16
字　　数：	212 千字
印　　张：	17
版次印次：	2022 年 4 月第 1 版　2023 年 6 月第 2 次印刷
书　　号：	ISBN 978-7-5115-7176-2
定　　价：	48.00 元

编写组成员

（按姓氏音序排列）

丁泓茗　高德胜　季　岩　贾晓旭
贾小萱　李　玲　凌海霞　潘　明
曲鹏芳　王亚蓉　杨　羿　周笑宇

序　言

党的十八大以来，以习近平同志为核心的党中央高度重视意识形态工作，从宣传教育、责任机制、网络阵地等多方面进行加强和改进，意识形态工作取得了显著成效。但是，在取得重大成就的同时，我们仍应清醒认识到，意识形态领域的斗争依然复杂，意识形态安全风险的防范工作必须时刻紧抓，不能松懈。回顾历史，20 世纪 90 年代东欧剧变，世界社会主义运动遭受严重挫折，其重要原因之一是苏联的意识形态工作出现了问题，没能够有效应对和处理国内外因素交织的意识形态安全风险，致使苏联全党范围内产生了理想信念的动摇，进而导致了苏联社会动荡以及苏联社会主义制度的瓦解。可以看出，作为维护国家安全的精神屏障，意识形态安全在国家安全体系中居于重要地位，维护和巩固国家意识形态安全意义重大。

本书的主旨是通过对国家意识形态安全建设中面临的各种挑战进行梳理、分析和阐释，以通俗易懂的语言向广大读者宣传意识形态安全的重要性。本书以"总体国家安全观"为指导，梳理了意识形态安全与国家各领域安全之间的相互影响、相互作用。毋庸讳言，意识形态安全的本质是政治安全，社会主义意识形态建设直接关系到新时代是否能够坚持和完善党的领导、坚持和发展中国特色社会主义这两项重大问题。同时，作为一种科学的思想观念体系，社会主义意识形态在国家建设的各领域都发挥着引领和指导作用。所以,意识形态安全风险并不局限于传统的政治和文化领域,还向公民社会生活的其他领域渗透。本书认为,国家意识形态安全建设面临的挑战包括"外源性"和"内源性"两个方面。"外源性"意识形态安全风险主要来自西方意识形态战略的威胁,"内源性"意识形态安全风险则是人们在经济社会发展过程中所表现出的理想信念动摇和思想认知偏差。本书正是按照这一思路,详细梳理和分析了目前中国特色社会主义事业建设过程中出现的各类意识形态安全风险,并指出了具体的应对措施。

随着网络信息技术的不断进步,网络已成为意识形态斗争的前沿阵地,需要高度重视网络意识形态安全风险。国际层面,网络意识形态安全风险主要来自西方意识形态的渗透;国内层面,我国内部的网络舆论形势依然严峻复杂,网上舆论工作需要长期坚持。同时,新媒体的发展对网络意识形态安全建设既是机遇,又是挑战。面对网络意识形态安全风险,我们必须营造风清气正的网络环境,并充分利用好新媒体,不断扩大社会主义意识形态的宣传阵地。

本书认为,维护国家意识形态安全并不是要挑起意识形态的对立与对抗,国际合作应秉持"人类命运共同体"理念,超越意识形态差异。然而,长期以来国际话语权一直被西方发达国家控制,一些西方国家政客在不同场合攻击中国和中国制度,中国的国家形象遭到了损害。面对这种情况,只有不断提高我国在意识形态领域的国际话语权,才能向世界更好地传递"人类命运共同体"理念,维护中国良好国家形象,进而巩固我国国家意识形态安全。

总的来说,"意识形态安全"问题是一个现实性很强而又意义重大的理论课题。一方面,要持续对其进行深入的理论研究,及时对意识形态安全风险做出预警判断。另一方面,特别要加强广大群众对意识形态安全的学习。既要讲好中国故事,弘扬主旋律,也要敢于对各种错误思想亮剑,明辨是非,从而不断提高人民群众的精神觉悟,为中国特色社会主义事业奠定更加广泛的思想基础。

中国社会科学院马克思主义研究院原院长、党委书记　邓纯东
2021 年 12 月 20 日

目录
CONTENTS

序　言　邓纯东 / 001

导　言　总体统筹两个大局　建设意识形态安全 / 001

　　一、时代站位：两个大局下的意识形态安全建设 / 003
　　二、总体内涵：总体国家安全观中的意识形态安全 / 004
　　三、总体原则：坚决维护中国意识形态安全 / 005

第一章　何为意识形态 / 015

　　一、从两大意识形态谈起 / 017
　　二、意识形态的内涵与特征 / 025
　　三、日常生活中的意识形态 / 028

第二章　"总体国家安全观"与国家意识形态安全建设 / 035

　　一、意识形态安全是国家利益的重要组成部分 / 037
　　二、意识形态安全与国家安全的关系 / 043
　　三、以"总体国家安全观"指导国家意识形态安全建设 / 049

第三章　政治领域国家意识形态安全建设的挑战及应对 / 059

一、资本主义"普世价值"的"傲慢与偏见" / 061

二、西方国家主导或干涉主权国家政治的阴谋与本质 / 066

三、党员干部要增强"四个意识",坚定政治信仰 / 072

四、培养公民的国家观念与政治认同 / 079

第四章　经济领域国家意识形态安全建设的挑战及应对 / 087

一、以经济建设为中心还需要谈意识形态吗 / 089

二、社会主义市场经济下的价值观危机 / 096

三、坚持新发展理念,推动经济持续健康发展 / 102

四、社会主义市场经济下价值观危机的化解路径 / 110

第五章　文化领域国家意识形态安全建设的挑战及应对 / 117

一、西方文化霸权主义对我国意识形态安全的威胁 / 119

二、文化复古主义对我国意识形态安全的侵蚀 / 127

三、创新发展中国特色社会主义文化,坚定文化自信 / 131

四、深化我国文化事业和产业改革,提高文化软实力 / 137

第六章　社会领域国家意识形态安全建设的挑战及应对 / 145

一、民生问题影响我国主流意识形态认同 / 147

二、警惕境外宗教的意识形态渗透 / 156

三、提高保障和改善民生水平,推进主流意识形态认同 / 163

四、全面贯彻党的宗教政策,维护国家意识形态安全 / 170

第七章　生态领域国家意识形态安全建设的挑战及应对 / 177

一、生态环境问题归根结底是发展方式和生活方式问题 / 179

二、高下立判,资本主义的"征服"还是社会主义的"共生" / 185

三、强化环境意识，把建设美丽中国化为人民自觉行动 / 195

四、提高话语权，做全球生态文明建设的"领路人" / 198

第八章 网络领域国家意识形态安全建设的挑战及应对 / 205

一、互联网已经成为意识形态领域斗争的主战场 / 207

二、新媒体为社会主义意识形态建设带来的机遇与挑战 / 214

三、营造风清气正的网络环境，加强主流意识形态宣传 / 220

四、加快推动媒体融合发展，使主流媒体具有强大传播力和引导力 / 224

第九章 新时代我国社会主义意识形态国际话语权建设 / 231

一、中国的话语权实质上是社会主义意识形态话语权 / 233

二、新时代我国意识形态国际话语权面临的严峻挑战 / 240

三、"人类命运共同体"理念与我国意识形态国际话语权建设 / 245

四、中国构建社会主义意识形态国际话语权的现实路径 / 251

后　记 / 259

导 言

总体统筹两个大局
建设意识形态安全

一、时代站位:两个大局下的意识形态安全建设

中华民族伟大复兴的中国梦凝聚了几代中国人的夙愿,是全体中华儿女的殷切期盼。中华民族伟大复兴是中国各项事业顺利开展的初心,也是新时代意识形态安全建设的目标指向。当前,中国正处于向第二个"百年目标"进发的历史新征程,当今世界正经历百年未有之大变局,新冠肺炎疫情加速了这一变局的发展。党中央从宏观战略角度对当前国际社会发展的新局势进行把握,兼顾中华民族伟大复兴的战略全局和百年未有之大变局是加强意识形态安全建设、科学战略研判的历史前提。

(一)波谲云诡的国际形势加速百年未有之大变局发展

当前国际力量对比深刻调整,以美国为代表的西方国家重拾冷战思维,针对世界发展中国家的合理发展需求进行一系列限制和打压。加强中国意识形态安全建设之所以刻不容缓,是因为"意识形态不仅决定着美国对外的威胁评判,也反映了美国在安全判断中的二元对立思维,即非民主国家的威胁必须以民主和军事改造的方式消除"[1]。究其本质,资产阶级发展的目标指向体现为"既保持民主的假象,又让民主不威胁到资产阶级的财产权"[2]。十九届五中全会公报指出,"全党要

---

[1] 尹继武:《中美国家安全观比较分析》,《当代世界与社会主义》2020 年第 3 期,第 151—158 页。
[2] 张飞岸:《西方自由民主危机与中国民主话语构建》,《当代世界与社会主义》2020 年第 2 期,第 178—185 页。

统筹中华民族伟大复兴战略全局和世界百年未有之大变局"。在总体安全观的指导下积极推进国家意识形态安全建设，是中国趁势而上，为实现第二个百年目标努力奋进的重要保障。与此同时，新冠肺炎疫情的肆虐更加凸显构建人类命运共同体的重要意义。

（二）加强意识形态安全建设是中华民族复兴的内在要求

维护中国的意识形态安全是一个战略性的课题。西方资本主义意识形态对中国政治安全与政治稳定的冲击是一个隐蔽且持续的过程，要想最大限度维护中国人民的幸福生活和党的政权稳定，必须要具备极强的前瞻意识和敏锐的底线思维。意识形态安全难以维护的关键点在于，无论是共产党员还是普通人民群众，只有极少数人能够自觉意识到自己的观念在外力的影响下已经发生变化。因此，必须要丰富广大人民群众关于维护国家意识形态安全的相关知识和理论，在整体上铸牢中国人民的精神长城。

二、总体内涵：总体国家安全观中的意识形态安全

稳定压倒一切，稳定是改革和发展的前提。发展是安全的基础，安全是发展的条件。坚持总体国家安全观，全方位把握当前国家安全发展过程中出现的新形势和新特点，从意识形态角度对发展局势作出科学研判，有助于中国进一步发展。

党的十八大以来，党中央和政府前所未有地重视国家安全工作。2014年4月，党中央首次鲜明提出了当前国家安全中包含的"11种安全"[1]。

---

[1] 在2014年4月召开的中央国家安全委员会第一次会议上，习近平总书记指出要"构建集政治安全、国土安全、军事安全、经济安全、文化安全、社会安全、科技安全、信息安全、生态安全、资源安全、核安全等于一体的国家安全体系"。

在中国国家安全体系中，意识形态安全贯穿其中。当前，有学者认为，政治安全的灵魂是意识形态安全，即将意识形态安全划归为政治安全的范畴；还有学者认为意识形态安全是国家文化安全的核心，这就将意识形态安全归为文化安全的领域。总体而言，学界试图从政治安全或文化安全层面为意识形态安全找寻安身之处。依据当前国内国际发展大势，意识形态安全与具体的"11种安全"理应是相互交织、你中有我、我中有你的关系。一方面，社会主义国家面临的意识形态威胁广泛存在于经济、政治、文化等领域中；另一方面，为了巩固国家的意识形态安全进行的一系列工作亦与其他领域关系密切。本书在编撰过程中始终坚持以习近平新时代中国特色社会主义思想和习近平总书记对意识形态安全的相关论述为总体指导，以马克思主义唯物史观为理论遵循，以总体国家安全观为宏观统筹，力图从统筹推进"五位一体"总体布局中对意识形态安全展开全面的、具体的论述，根本目的在于提升人民群众对日常生活中可能存在的意识形态安全风险认知，从而真正将国家总体安全观落实到人民心中。

三、总体原则：坚决维护中国意识形态安全

东西南北中，党政军民学，党领导一切。意识形态作为观念上层建筑，对政治上层建筑和经济基础有巨大的反作用。马克思主义不仅是中国意识形态安全建设的具体内容，更为统筹全局提供了科学的观点和方法。加强意识形态安全建设是中国道路的本质要求，也是加强"四个自信"的重要举措。归根到底，意识形态安全的逐渐实现离不开人民群众的生活实践与思想认同，人民的实践是检验认识真理性的"试金石"。

（一）坚持马克思主义在意识形态领域的指导地位

恩格斯在马克思墓前将马克思生前的贡献归纳为唯物史观和剩余价值学说这"两大发现"，马克思"第一次使现代无产阶级意识到自身的地位和需要，意识到自身的解放条件"①，他对人类社会作出的贡献在当代仍然熠熠生辉。马克思并不仅仅只建立一个自己的理论体系，他更多的是依据社会现实和社会中最基础最根本的因素，基于实践的方式，对社会中出现的问题给出理论和实践方面的双重回答。无论在哪一个历史时期，人最基本的活动——实践基础上的生产活动都不会消解。马克思主义理论与时俱进的特质决定了它在当代的价值。

改革开放以来，大量的资金、技术、经验等要素迅速涌入中国市场。与此同时，市场的开放也使得各式各样的社会思潮进入中国人民的视野之中，一方面，当代一些错误的社会思潮对马克思主义的指导地位产生冲击。此类错误思潮包括但不限于西方宪政民主、普世价值观、新自由主义、西方新闻观等。究其根本，这些思潮是西方资本主义价值观的"变种"。另一方面，近年来互联网的飞速发展使得资本主义价值观传播方式更加多样、传播速度更加迅速、传播范围更加广泛，这些错误思潮的新特征为维护中国的意识形态安全带来更多的考验。如果我们对这些错误思潮没有形成自觉意识，在不知不觉中极易被利用，就会成为"西方资本主义意识形态的吹鼓手"②。

与一些传统的错误思潮表现方式不同的是，当前错误思潮的传播方式更多倾向于在青少年群体中传播或是在特殊群体权利争取时作偏激表达。相较于对"西式价值观"的"打包贩卖"，目前错误思潮的传

---

① 《马克思恩格斯选集》（第3卷），人民出版社2012年版，第1003页。
② 习近平：《习近平谈治国理政》（第2卷），外文出版社2017年版，第327页。

播更加倾向于消解青少年群体的精神家园。因此，多元的社会思想必须要在坚持马克思主义一元化指导地位的前提下才能够充分有效繁荣中国哲学社会科学。

（二）坚持中国特色社会主义发展道路

道路问题是关系党的事业兴衰成败的关键问题。习近平总书记明确指出："苏联为什么解体？苏共为什么垮台？一个重要原因就是意识形态领域的斗争十分激烈。"[①] 新中国自建立以来就十分重视国家的意识形态建设。重视意识形态领域的安全建设是巩固国家政权的重要手段之一。

首先，科学社会主义是中国特色社会主义道路的基本原则。一度称霸全球的苏联在一夕之间骤然解体，给社会主义国家的发展敲响了警钟，"中国特色社会主义是社会主义而不是其他什么主义，科学社会主义基本原则不能丢，丢了就不是社会主义"[②]。中国发展进入新时代以来，中国共产党与时俱进，坚持"聆听时代的声音、回应时代的呼唤，认真研究解决重大而紧迫的问题"，形成了习近平新时代中国特色社会主义思想，为迈入新历史时期的中国社会各个现实领域提供了理论指导。

其次，立足于发展现实赋予中国特色社会主义道路生机与活力。"所谓的'中国模式'是中国人民在自己的奋斗实践中创造的中国特色社会主义道路。"[③] 一方面，中国道路植根于中国悠久的历史与深厚的文化。古人云："灭人之国，必先去其史。"抹黑中国的国史、党史以及领

[①] 中共中央党史和文献研究院编：《十八大以来重要文献选编》（上），中央文献出版社2014年版，第113页。

[②] 中共中央党史和文献研究院编：《十八大以来重要文献选编》（上），中央文献出版社2014年版，第109页。

[③] 中共中央党史和文献研究院编：《十八大以来重要文献选编》（上），中央文献出版社2014年版，第111页。

导人形象是国内外敌对势力的惯用伎俩。另一方面，党中央和政府坚持扎根中国现实，在中国大地上实实在在搞建设，久久为功，始终坚持人民至上的原则，在决策之前和决策过程中充分听取民意，使得国家每一阶段的发展计划都科学有序地形成与落实。中国社会的发展现实图景是由每一个普通老百姓的生活构成的，只有立足于人民的决策和道路才是符合中国社会发展利益的。

最后，社会治理能力是检验中国特色社会主义道路的实践标准。新时代全面深化改革，有利于增强中国特色社会主义道路自信。党中央在十八届三中全会明确了全面深化改革的总目标[①]，这标志着新时代中国社会建设理念逐渐从传统的管理思路向治理思路转变。从制度层面的改革入手，不仅将提高社会治理能力的发生领域锁定到国家政府层面，更将基层治理水平提高作为衡量的重要标准。党的十八大以来，国内外局势不断发生变化，中国面临的意识形态方面的危险既有来自国外的也有来自国内的。在当前构建完善新发展格局的过程中，需要不断提升中央政府和基层的社会治理能力和社会治理水平，坚定走中国道路，才能为国内大循环格局的建设添砖加瓦。

（三）坚持党对意识形态工作的领导权

维护中国的意识形态安全，牢牢掌握党对意识形态工作的领导权。维护中国的意识形态安全，必须要坚持爱中国共产党与爱国主义相一致。防范意识形态领域的危险，不仅要警惕境外势力和西方不良思潮的影响，更要增强党长期执政的能力，夯实党中央执政的群众基础。当前，无论是在网络环境中还是在现实生活里，都存在一些旨在消解党的领

[①] 全面深化改革的总目标是完善和发展中国特色社会主义制度，推进国家治理体系和治理能力现代化。

导力的错误言论,例如"爱国不等于爱党",其本质上是将概念进行偷换,将爱党抽离出具体的爱国范畴。

习近平总书记多次强调要坚持党对意识形态工作的领导权。在新时代意识形态工作开展过程中要落实意识形态工作责任制,要注意"三个区分",即"注意区分政治原则问题、思想认识问题、学术观点问题"[①]。其中,政治原则问题是关乎根本立场的问题,是关系到国家意识形态安全的关键问题。党组织和社会要及时关注个人的思想认识的动态发展过程,及时拔除不良思想产生的苗头。

与此同时,在思想极度活跃和相互交织的当下,还要注意区分思想舆论领域的红色、黑色和灰色"三个地带"[②]。党中央把当前思想领域划分为"三个地带",是客观地把握舆论思想发展规律的重要表现。在当前的思想舆论领域,存在着一系列打着"爱国"旗号的"高级黑"和"低级红"现象,诸如此类庸俗的、披着爱国主义外衣的不良社会舆论对人民群众产生巨大的不良影响,会误导广大人民群众对社会热点事件和突发事件的看法。因此,在科学把握和划分思想舆论领域的基础之上,一方面要做到坚守红色地带、积极争取灰色地带、不断压缩黑色地带;另一方面也要警惕以危害思想领域为目的的"低级红"和"高级黑"现象,不断提高自身鉴别思想观点的能力和水平。

(四)坚持人民至上原则 尊重人民首创精神

善为国者,藏之于民。进入新时代以来,党中央与广大人民群众

---

① 习近平:《决胜全面建成小康社会 夺取新时代中国特色社会主义伟大胜利——在中国共产党第十九次全国代表大会上的报告》,人民出版社2017年版,第42页。

② 2015年12月11日,习近平总书记在全国党校工作会议上的讲话中指出:"思想舆论领域大致有红色、黑色、灰色'三个地带'。红色地带是我们的主阵地,一定要守住;黑色地带主要是负面的东西,要敢于亮剑,大大压缩其地盘;灰色地带要大张旗鼓争取,使其转化为红色地带。"

勠力同心，向"两个一百年"的奋斗目标不断迈进。抵御影响中国国家安全的外部风险，要在思想领域铸牢中国人民的精神长城，维护中国的意识形态安全，党中央和各级政府要遵循以人民为主体的思想，坚持人民至上、生命至上原则，将人民群众的利益作为第一考量。

坚持人民至上原则，要将中国的意识形态建设置于新发展阶段进行考量。2020年对中国人而言是非同寻常的一年，突如其来的疫情对世界各个国家的经济、政治、文化等方面产生了巨大冲击。中国共产党坚持人民至上、生命至上原则，用经济代价确保了中国人民的身体健康，也为后来的复工复产奠定了良好的基础。一方面，要以总体国家安全观为指导，积极主动维护中国的意识形态安全，不断推动本阶段重要历史任务的圆满完成。另一方面，后疫情时代的世界政治、经济格局十分复杂，与国内积极抗疫形成鲜明对比的是西方资本主义国家的"群体免疫"政策以及对中国形象的抹黑宣传。此类问题在无形中加剧了中国意识形态危机，对广大普通人民群众产生了一定程度的思想冲击。因此，面临此类状况，如何改善舆论宣传现状，创新舆论传播手段，牢牢把握住各个传播平台的主流意识形态话语权，是打赢新发展阶段"人民争夺战"的重点。

维护中国意识形态安全，走进群众是关键。当前中国面临的意识形态风险表现在生活的方方面面，大到影响中国共产党的生存与发展，小到存在于我们日常生活中观看的短视频中等。意识形态安全不仅存在于国家的宏观战略中，更多的存在于人民群众日常生活接触到的信息之中。因此，如何从广大人民群众出发，从与人民息息相关的各个方面来加强意识形态建设，从根本上将社会主义核心价值观落实到具体生活中，从而真正与资本主义意识形态的各种衍生形式打赢"争夺战"，关键在于让党的理论"飞入寻常百姓家"。为此，广大党员干部要下沉到基层，在了解不同工作领域的人民生活特点的前提下，有针对性地开展国家意识形态安全通俗知识普及，潜移默化地提高群众风险防范意识。

加强意识形态安全建设，关键在于将知识普及化。第一章，从意识形态的起源与发展入手，概述了资本主义意识形态和社会主义意识形态的产生及其发展历程。二者本质上的不同在于，资本主义意识形态的本质是资产阶级的阶级意识的体现，其目的是维护资产阶级的物质利益，巩固资产阶级的统治。社会主义意识形态是以马克思主义为指导的思想理论体系，反映的是人民群众的根本利益诉求。如今，意识形态安全风险已渗透到日常生活的各个领域，让社会主义意识形态融入日常生活，加强对人民群众的意识形态安全教育，具有必要性和紧迫性。

第二章，意识形态安全是国家安全的重要组成部分，关涉国家的核心利益。意识形态安全与国家安全相互作用，相互影响。意识形态安全构筑起国家安全的精神屏障，国家安全则是意识形态安全的物质基础，为意识形态安全提供动力和韧性。新时代条件下，我们必须以"总体国家安全观"指导国家意识形态安全的建设。

第三章，政治领域。"普世价值"成为西方国家推广"西式民主政治"的思想武器。西方国家以意识形态战略为主要手段，干涉其他主权国家的内政。尤其是美国，妄想通过这种非暴力的手段继续维持其世界霸主地位，美国对其他国家发动颜色革命正是该战略鲜明的体现。面对政治领域的意识形态安全风险，党员干部要增强"四个意识"，坚定政治信仰，广大公民要增强国家观念与政治认同。

第四章，经济领域。从国家经济发展的角度，西方新自由主义具有一定的迷惑性与危害性。从公民经济生活的角度，社会主义市场经济下的价值观危机凸显。面对经济领域的意识形态安全风险，国家在经济发展建设中应坚持新发展理念，跨越中等收入陷阱。广大公民应坚持集体主义原则，树立正确的利益观；理性应对消费主义，探寻自身真实需求；树立诚实守信观念，提升经济道德水平。

第五章，文化领域。西方文化霸权主义和文化复古主义对我国意识形态安全构成巨大威胁。西方文化霸权主义是一种特殊的"文化殖民"，是通过意识形态、价值观念等方面的渗透来实现对话语权弱势国的控制。文化复古主义名义上打着"传承中华传统文化"的旗号，实际上却是在宣扬腐朽落后的封建主义思想，在一定程度上侵蚀着我国的意识形态安全。面对文化领域的意识形态安全风险，我国一方面要弘扬中国优秀传统文化，另一方面要促进我国文化事业和文化产业发展，提高文化软实力。

第六章，社会领域。民生是筑牢社会主义意识形态的基石。然而随着我国社会主要矛盾发生转变，新的民生问题也随之而来，这些问题极有可能会影响我国主流意识形态认同。与此同时，境外宗教的意识形态渗透问题也需要警惕，必须妥善处理此类问题。面对社会领域的意识形态安全风险，我国应继续保障和提高民生水平，推进主流意识形态认同；全面贯彻党的宗教政策，维护国家意识形态安全。

第七章，生态领域。国内层面，社会生产领域和社会生活领域都存在生态意识形态安全的问题。国际层面，西方生态殖民主义作为一种新型殖民主义，其主要表现：一方面是对其他发展中国家资源的无限掠夺，另一方面是将生态环境污染转嫁到其他国家身上。面对生态领域的意识形态安全风险，我们应加强社会主义生态文明建设，强化广大人民群众的环保意识；国家应深度参与全球环境治理，提升中国在生态领域的话语权。

第八章，网络领域。目前西方国家常利用互联网进行意识形态输出。以网络技术为支撑的新媒体迅猛发展，对我国社会主义意识形态建设同时带来机遇和挑战。面对网络领域的意识形态安全风险，我们应净化网络环境,为社会主义意识形态建设提供良好平台;应加快推动媒体融合发展,把主流媒体做大做强,引领网络意识形态安全建设。

第九章,应对国家意识形态安全风险,要不断加强我国社会主义意识形态国际话语权建设。面对西方话语霸权的长期压制,国际社会对我国还有许多误解和疑虑。加强我国社会主义意识形态国际话语权建设,让世界听到中国声音、读懂中国方案,使"人类命运共同体"理念深入人心,从国际传播维度加强我国意识形态安全建设。

综上,社会主义意识形态作为维护中国国家安全的精神屏障,加强国家意识形态安全建设意义重大。意识形态安全问题处理不好,将会严重阻碍中国特色社会主义事业,甚至可能会引发一些重大的政治问题和社会问题。本书以"总体国家安全观"为指导,首先对意识形态、意识形态安全、国家安全等基本概念作详细介绍,使读者对意识形态这一具有纷繁复杂内涵的概念形成清晰的认识。其次,以政治层面、经济层面、文化层面、社会层面、生态层面和网络层面为切入点,采用理论和具体案例相结合的方式对当前中国社会中存在的意识形态安全风险予以阐明。读者通过通俗易懂的大众语言和与日常生活息息相关的案例,了解可以维护国家意识形态安全的途径和方法,使维护国家意识形态安全的理念深入人心。最后,从提高我国社会主义意识形态国际话语权的角度,为防范和化解意识形态安全风险提出建议。

第一章

何为意识形态

意识形态作为一种思想观念体系，自提出以来便逐渐受到人们的广泛关注，各国学者纷纷从不同的视角研究分析意识形态，形成了不同的理论学派。虽然意识形态看不见摸不着，但具有巨大的力量。在当今世界，意识形态方面的斗争从未停止，尽管这种斗争没有战火和硝烟，但仍可以造成不可估量的灾难，能够在思想和精神上摧毁一个民族甚至一个国家。做好意识形态工作，就要追本求源，厘清意识形态的产生、发展、变化的根源，进而准确全面地理解何为意识形态。

一、从两大意识形态谈起

在人类社会发展的历史进程中，世界上形成了两大意识形态理论，即资本主义意识形态理论和社会主义意识形态理论。一直以来，意识形态的竞争是国家之间主要的竞争方向之一，在竞争中两大意识形态理论不断发展。以往的社会历史证明，意识形态是一个国家的思想防线，具有重要的地位和作用，事关着社会的稳定和国家的前途命运。一旦出现了问题，往往会导致国家政治的动荡、政权的瓦解和更迭。我们必须清楚地认识到，意识形态具有无穷大的力量。在当今世界，以美国为首的资本主义国家持续采取隐蔽性的意识形态战略，不断加大对我国思想和文化的入侵，一定程度上影响了我国主流思想的传播和发展，也影响了人民群众的思想。针对这种情况，我们必须立足于根本，正确认识两大意识形态的产生与发展进程，从而正确把握新时代意识形态领域斗争的新特征，这是我们做好意识形态工作需要认真对待和思考的关键问题。

（一）资本主义意识形态的产生与发展

资本主义国家的意识形态并非自古就有，它是在近代西方国家发展的过程中，伴随着人们理性的发展而形成的。随着资本主义的发展，新兴的资产阶级不断与封建专制主义和宗教神权进行斗争，推动了欧洲由封建社会向资本主义社会过渡。与此同时，产生了与资本主义相适应的资产阶级思想。在资产阶级取得国家政权后，为了维护自身利益，将各种资产阶级的思想理论和观念构建成资本主义国家的意识形态。在欧洲封建社会末期，新兴的资产阶级为了摆脱中世纪时期的神权统治，展开了一系列的思想解放运动，不断传扬资产阶级文化。文艺复兴运动作为历史上资产阶级的首次思想解放运动，为资产阶级打破腐朽的封建思想提供了有力的武器，成为资产阶级革命的助推器。到了16世纪，随着西欧社会的发展，一场欧洲宗教改革运动打破了宗教神权的统治体系，为西欧资本主义发展奠定了深厚的基础，加速了资本主义意识形态的形成。17—18世纪，封建阶级和资本主义两股势力的矛盾越发突出，又一个新的思想解放运动拉开序幕。这场启蒙运动推动资本主义思想意识形态逐步成形。这一时期，古典自由主义应时而生。古典自由主义与以往思想具有很多不同，更加重视人的自由、理性和正义。其中，代表人物亚当·斯密对自由主义和经济进行了系统解释。古典自由主义更加强调广大民众的权利、私有财产，指出政府不应干预经济。

随着资本主义的快速发展以及资本主义制度的完善，资本主义国家的意识形态也随之发展变化。20世纪，自由主义逐渐演化为西方发达国家的主流意识形态。自由主义主张国家应该实行代议制民主来代替专制，社会的发展要维护个人自由。自由主义在西方资本主义国家快速传播，成为几乎所有发达国家的主要意识形态。20世纪30年代，新自由主义作为一种经济学理论、思潮，逐渐登上历史舞台。到了20世纪80年代，新自由主义迅速成为时代思潮的主角，取得强势话语权。其理论以经济学为主，并广泛涉猎哲学、政治学、社会学、史学等相关领域①。在全进化进程中，新自由主义逐渐演变成一种右翼意识形态，成为西方国家全球扩张的意识形态外衣。近年来，西方国家虽然很少采用武装斗争的形式进行殖民运动，但这并不意味着西方国家放弃了殖民政策。重新认识西方国家的殖民政策，我们可以发现，西方国家的殖民行动更加重视多方面、全方位的意识形态输出，从现实空间转向了更加隐蔽的虚拟空间。

总而言之，西方资本主义国家为了赢得国际政治的博弈，正在悄无声息地向全球各个国家灌输资本主义意识形态，其目的是为了征服和把控人们的思想和行为，从而达到和平演变的目的。

（二）社会主义意识形态的产生与发展

任何理论都不是自有的，创立的过程也并非一蹴而就，都是社会发展到一定阶段的成果。在马克思主义理论体系中，马克思和恩格斯虽然未对"社会主义意识形态"这一概念做出明确的定义，但马克思和恩格斯对意识形态特征和本质的揭示，为"社会主义意识形态"概念的提出打下了基础。根据马克思主义经典作家的文本，第一次提出"社会主义意识形态"概念的人是列宁。在马克思主义的广泛传播与号召下，越来越多的无产阶级的革命意识逐渐被唤醒，更多的人自愿加入无产阶级革命运动之中，推动了社会主义的革命与建设持续向前发展。19世纪70年代，长期饱受压迫的俄国工人阶级开始进行有组织的

---

① 张才国：《新自由主义意识形态》，中央编译出版社2007年版，第37页。

罢工运动。经过一系列斗争建立了第一个社会主义国家之后，列宁首创性地阐释了社会主义意识形态理论，指出："一句话，任何思想体系都是受历史条件制约的，可是，任何科学的思想体系（例如不同于宗教的意识形态）都和客观真理、绝对自然相符合，这是无条件的。"[①] 列宁从历史唯物主义的角度出发，指出了社会主义意识形态的科学性，它符合历史发展规律，是积极进步的精神力量。并且，列宁提出"灌输理论"，指出应针对性地教育群众和发动群众，解决无产阶级阶级意识的自觉与成熟问题。在马克思主义的指导下，列宁批判各种错误观点，不仅根据时代和现实需要继承并发展了意识形态理论，还在马克思主义意识形态理论的指引下推动俄国的革命实践，指导苏维埃的建设。

十月革命取得胜利，更是加快了马克思主义在世界范围内的传播。在中国大地上，马克思主义唤醒了越来越多的中国人。自中国共产党成立以来，一批批觉醒的中国人主动加入社会主义运动之中，推动中国革命不断向前发展。在科学的马克思主义的指导下，我们党认识到意识形态工作的重要性，坚持要把做好意识形态工作作为全党的重要工作之一。在革命时期，党的意识形态工作取得了巨大成效，人民群众的精神凝聚在一起，社会主义意识形态调动了人民群众的主体力量，而这一时期我们党做好意识形态工作的重要方法是灌输法。我们党的意识形态工作，离不开马克思主义的正确带领，也离不开全党全国人民共同努力，意识形态工作是我们党取得新民主主义革命胜利不可或缺的重要方面。

新中国成立以来，意识形态工作始终是我们党工作的重中之重，始终坚持用与时俱进的马克思主义指导意识形态建设工作。新中国成立初期，面对资本主义意识形态的严重冲击，毛泽东同志根据当时的

---

① 《列宁选集》（第2卷），人民出版社1995年版，第96页。

社会政治形势，高度重视意识形态领导权问题。他指出："无产阶级和资产阶级之间在意识形态方面的阶级斗争，还是长期的，曲折的，有时甚至是很激烈的"①，强调利用意识形态的斗争来瓦解一切敌对势力的精神力量。一直以来，毛泽东同志高度重视意识形态工作，强调要做好思想政治工作，并指出要建立本领过硬的理论队伍，既要持续加深对马克思主义理论的研究，也要重视马克思主义理论的宣传工作，全面发力加强思想理论工作，为国家的意识形态工作添砖加瓦。

改革开放后，邓小平同志立足国际国内新形势新变化和党的工作重点，全面审视了我国的意识形态建设现状，强调"要警惕右，但主要是防止'左'"②的科学论断，重新调整了工作的方式方法，指出："问题是要把什么叫社会主义搞清楚，把怎么样建设和发展社会主义搞清楚。"③同时，他多次强调既要抓好经济发展，又要建设好意识形态工作。在世纪之交，国内外的形势更加复杂，意识形态工作的难度大幅提高。面对这一形势，江泽民同志提出"三个代表"重要思想，强调把党的建设作为做好意识形态工作的重要着力点，既要大力防范和打击和平演变，又要把反和平演变作为意识形态斗争的重要方面。同时，指出"互联网已经成为思想政治工作一个新的重要阵地"④，强调要同样重视网络领域的意识形态建设工作。这一时期，我国逐渐加强网络领域的意识形态建设工作。党的十六大以来，胡锦涛同志提出建设社会主义核心价值体系，不断筑牢全党全国人民的思想基础。

党的十八大以来，以习近平同志为核心的党中央以马克思主义为指导，不断加深对意识形态建设的认识，不断开拓做好意识形态工作

---

① 《毛泽东文集》（第 7 卷），人民出版社 1999 年版，第 230 页。
② 《邓小平文选》（第 3 卷），人民出版社 1993 年版，第 375 页。
③ 《邓小平文选》（第 3 卷），人民出版社 1993 年版，第 369 页。
④ 《江泽民文选》（第 3 卷），人民出版社 2006 年版，第 94 页。

的新思路，找准意识形态建设工作的重点内容与方向，在实事求是的基础上大胆探索，创新发展了社会主义意识形态，推动我国意识形态工作不断呈现良好趋势。做好意识形态工作，就要做好应对意识领域内长期存在的斗争和较量的准备，要求既要统筹做好国内意识形态建设工作，又要做好长期应对国际上的意识形态斗争的准备。做好意识形态工作是我们必须重视的问题，只有这样才能聚民心，筑牢人民的思想基础，将全体人民紧紧团结在一起，形成巨大合力，不断巩固和发展社会主义事业。

（三）两大意识形态的本质

在西方资本主义国家，资本主义意识形态对西方资本主义国家来说，其目的在于维护作为统治阶级的资产阶级的利益，进而巩固资本阶级的统治。其中，对内而言，资本主义意识形态是西方国家为了更好地维护资产阶级的利益，更好地统治和管理国民；对外而言，西方资本主义国家基于利益需要，妄想通过美化资产阶级的价值观，不断向世界各国灌输资本主义意识形态，从而巩固自身在世界的霸主地位。然而，西方资本主义国家，通过大力扩张资本主义意识形态，不断压制和影响其他国家的意识形态，维护以美国为首的西方资本主义国家的利益，从而达到实现其经济、政治、文化利益的目的。近些年来，在国际社会中，西方国家屡次干涉和欺凌其他民族和国家，使得人们更加清楚地认识到资本主义意识形态所宣扬价值观实际上是为了掩盖西方资本主义国家霸权行径的需要，其目的在于鼓吹"宪政"，推销西式政治模式，诱使或迫使其他国家遵循其发展模式。

社会主义意识形态是以马克思主义为指导，这也是与资本主义意识形态的根本不同。马克思主义是科学的理论，是指导社会主义制度建立的方针指南。在社会主义国家，丢了马克思主义的指导思想，就会迷失方向。社会主义意识形态的科学性在于它是始终围绕为人民服务这一宗旨构筑起的思想观念体系。以世界各国面对新冠肺炎疫情采取的不同措施为例，就能看出资本主义意识形态与社会主义意识形态二者之间的差异。在疫情暴发时期，只有快速控制住疫情才能最大限度上保障人民群众的生命安全和身体健康，为此，我们紧急停工停业停产，以经济利益为代价，为疫情防控争取时间。然而，反观西方国家应对疫情的表现，有些国家甚至寄希望于牺牲少部分人而获得群体免疫。

究其本质，资本主义意识形态是巩固资产阶级统治的重要策略，其目的是保障少数资产阶级的物质利益。与之完全相反的是，社会主义意识形态是在马克思主义的指导下，维护无产阶级根本的政治、经济利益。因此，从意识形态的本质可以看出，它往往是一个特殊的价值观念体系，用以维护特定阶级和集团的自身利益。

❖ 相关链接

意识形态偏见也是病毒[①]

关键时刻，国际社会坚守对正义和良知的选择，坚守对中国的善意，坚定站在中国一边。凭借人类同心同德之力，一定能够战胜一切病毒之患

面对新冠肺炎疫情，世界与中国同舟共济、为中国加油，汇成直抵人心的暖流。但是，在这全球同仇敌忾抗击疫情的关键时刻，美国一些政客却接二连三大搞诋毁中国的政治秀——他们攻击中国和中国

---

① 文章来源：《意识形态偏见也是病毒》，《人民日报》2020年2月11日，第3版。

制度，挑拨中国与他国关系，践踏道德和文明底线，制造意识形态偏见和冷战思维病毒，侵蚀正常的国际关系。

……

公道自在人心。最近，中国共产党带领全国人民抗击疫情的行动又赢得了世界的广泛尊重和赞佩——"中国共产党采取史无前例的安全措施，凭借'中国速度'新建医疗设施和不断完善预防手段……彰显了中国共产党出色的治理能力""中国共产党采取的政治决策和卫生防控举措，将成为人类大型流行病管理史上的里程碑"。国际社会普遍认为，在中国共产党坚强领导下，中国完全有信心、有能力、有把握打赢这场疫情防控阻击战。如此负责任、有担当的中国共产党，恰恰是中国之幸、世界之福。

可笑的是，美国一些政客早已下定决心执迷不悟，在对现实的误判中自娱自乐。就在抗击自然界的病毒对人类之害成为国际社会紧迫任务之际，他们的心眼儿煞是"活泛"，以为散布意识形态偏见和冷战思维病毒的时机来了。于是，有的聒噪"中国已成为美国头号地缘政治对手"，有的借新冠肺炎疫情挑拨中国与邻国关系，甚至还有的对媒体散布谣言，称中国希望通过帮助非洲建立疾控中心窃取非洲大量基因数据。殊不知，无论何时，他们的造谣生事之举都摆脱不了自毁形象、让美国蒙羞的结局。皮尤研究中心去年的调查数据就说明了问题——有45%的受访者认为美国是这个世界的重大威胁。可悲可叹，自作孽对美国的伤害不可谓不大，何尝不是对美国的重大威胁。世人当清醒，意识形态偏见和冷战思维病毒注定是国际关系的祸患。

疫情见良知，患难见真情。关键时刻，国际社会坚守对正义和良知的选择，坚守对中国的善意，坚定站在中国一边。人类命运共同体意识已成为国际社会主流，已化为各国人民携手合作抗击疫情的共同行动。人们完全可以相信，凭借人类同心同德之力，一定能够战胜一切病毒之患。

二、意识形态的内涵与特征

（一）意识形态的内涵

自"意识形态"一词诞生以来，在其发展的过程中，各国学者从不同的角度阐释了意识形态的内涵与特征，不断推动了意识形态理论的发展。法国近代哲学家、政治家特拉西在著作《意识形态的要素》中首次提出"意识形态"的概念，并把意识形态界定为"观念科学"，其目的是揭露当时社会的宗教偏见与假象，建立一门学科。然而，在拿破仑统治时期，意识形态理论和意识形态思想家们遭受到了反对与压制，意识形态被披上了"虚假"的外衣，具有了贬义。此后，多国学者对意识形态问题进行了研究，使得意识形态理论逐渐走向科学与成熟。一般认为，尽管马克思并未直接提出"意识形态"一词，但马克思、恩格斯的相关见解丰富了意识形态的内涵，是我们科学理解和把握这一概念的重要基础。从马克思、恩格斯关于意识形态的论述来看，对意识形态的内涵的界定主要分为三个方面：一是从批判性角度分析以往的意识形态观念，指出德意志形态的虚伪性，并将之看作"虚假的意识"。二是从唯物史观的角度出发，指出"不是意识决定生活，而是生活决定意识"[1]。三是指出意识形态的本质反映的是统治阶级的思想观念。换句话来说，占统治地位的阶级为了巩固统治地位，将自己阶级的思想演化为具有普遍意义的思想，从而维护阶级统治。

---

[1] 《马克思恩格斯选集》（第1卷），人民出版社2012年版，第152页。

20世纪以来，越来越多的学者关注意识形态，分别从不同的角度论述了对意识形态的看法。其中，比较典型的是，德国社会学家卡尔·曼海姆把意识形态分为特殊含义的意识形态和总体含义的意识形态。匈牙利著名的哲学家和文学批评家格奥尔格·卢卡奇在著作《历史与阶级意识》中将意识形态视为一种"世界观"或"阶级意识"。安东尼奥·葛兰西（1891—1937）从统治阶级和被统治阶级这两个角度探讨，指出意识形态具有一种物质性力量。并且，葛兰西创立了"意识形态领导权"理论，丰富与发展了马克思主义关于人的主观能动性的思想。法国著名的马克思主义哲学家路易·皮埃尔·阿尔都塞在《意识形态和意识形态国家机器》一文中得出"意识形态国家机器"，指出意识形态具有一种物质的存在。

在中国，关于意识形态内涵，多个学者从不同角度进行了论述。其中比较有代表性的是：《哲学大辞典》中把意识形态定义为："系统地、自觉地反映社会经济形态和政治制度的思想体系。是社会意识诸形式中构成思想上层建筑的部分。表现为哲学、宗教、政治法律思想、道德、文学艺术等形式中。"[①]俞吾金教授指出在阶级社会，意识形态代表着统治阶级根本利益情感、表象和观念的总和[②]。郑永廷教授系统详细地对意识形态的概念进行了解读，指出意识形态主要包含三种含义，即各种"虚假的观念""关于自身的幻想"以及"一种特殊的社会意识"。

总的来看，国内外学者从不同角度对意识形态的内涵进行了多方面的研究，尽管对意识形态理论的研究中仍然存在一些不可避免的争议，但他们的理论研究共同推动了意识形态理论的发展。意识形态作为社

---

① 冯契:《哲学大辞典》，上海辞书出版社1992年版，第1678—1679页。
② 俞吾金:《意识形态论》，上海人民出版社2014年版，第97页。

会的思想上层建筑，是与一定的社会经济形态和政治制度直接联系的观念、观点、概念的总和，主要借助政治、法律、哲学、伦理、宗教、文化、艺术等形式存在，其目的是通过改变和塑造人们的思想，维护政权统治。

（二）意识形态的特征

无论是意识形态内涵的界定，还是其主要特征，都需要从意识形态的产生和发展的过程中正确认识和科学把握。具体来说，意识形态具有阶级性、实践性和相对独立性。

第一，阶级性。在人类社会发展的进程中，在特定的阶段产生了阶级，而阶级也是意识形态产生与发展的基础。马克思指出，在资本主义的发展过程中产生了社会分工和阶级利益矛盾，为了调节和缓和矛盾，意识形态应势而生。因此，意识形态具有维护特定阶级利益、缓和阶级矛盾、巩固阶级统治的功能。具体地讲，无论是资本主义意识形态，还是社会主义意识形态，阶级性是最明显的特征。一方面，意识形态代表了统治阶级的利益；另一方面，统治阶级借助意识形态巩固自己的政权。在一个国家或社会中，统治阶级将代表自身利益的思想观念普化为全体人民共同的思想观念，使其成为整个社会的主导思想，其根本目的是要巩固自身的统治地位。然而，与资本主义意识形态差别在于，社会主义意识形态具有人民性，代表了全体人民的利益。

第二，实践性。马克思恩格斯指出："意识在任何时候都只能是被意识到了的存在，而人们的存在就是他们的现实生活过程。如果在全部意识形态中，人们和他们的关系就像在照相机中一样是倒立成像的，那么这种现象也是从人们生活的历史过程中产生的，正如物体在视网膜上的倒影是直接从人们生活的生理过程中产生的一样。"① 意识形态并不是天然存在的,是随着人类历史的实践和发展而产生的。从意识形态的本质和功能来看,意识形态并非空洞的思想,而是统治阶级巩固统治地位的思想武器。一方面,在现实生活中,统治阶级借助意识形态影响人们的思想与行为;另一方面,意识形态作为统治阶级思想上的武器,通常利用多种手段进行潜移默化的意识形态思想灌输,凝聚人心、打击敌对势力,从而维护社会稳定发展。

第三,相对独立性。社会存在决定社会意识,社会意识同样影响着社会存在的发展。同时,社会意识与社会存在的发展并不是始终同步的。意识形态作为上层建筑,是一定经济基础的反映,社会意识形态和社会的政治经济发展状况也并非同步。这也就是说,意识形态的发展虽然植根于一定的政治经济基础,但也具有相对独立性。并且,在社会的发展进程中,不同性质的意识形态对社会发展的作用不同。一般来说,一个社会的发展和进步离不开先进的意识形态,而落后的社会意识形态往往会阻碍社会的发展。

三、日常生活中的意识形态

日常生活与人的一切活动息息相关,随着社会的快速发展,日常生活逐渐成为政治、经济、文化等诸多领域关注的焦点,日常生活理论受到学界众多学者越来越多的关注。20 世纪以来,日常生活成为哲学家密切关注的话题,日常生活批判理论的兴起是西方哲学由理性向生活世界回归的重要表征。德国的著名哲学家胡塞尔和海德格尔、法国思想大师列菲伏尔以及欧新马克思主义的代表人物赫勒都十分关注

---

① 《马克思恩格斯选集》(第 I 卷),人民出版社 2012 年版,第 152 页。

日常生活理论。尤其在20世纪80年代以来，日常生活理论逐渐扩展，开始向各个领域渗透，成为多个学科关注的要点。

（一）日常生活中的意识形态

日常生活，即人类的基本生存所需的衣食住行、婚丧嫁娶、繁衍、交往、消费等活动，也就是人类在正常生活中重复性、数量化的日常活动。那么，与之相对应的非日常生活主要是指社会活动，即社会生产、政治管理、经济技术和公共事务等。日常生活是人们生活与生产的基本场所，也是意识形态产生、发展的基本场域。现如今，西方意识形态灌输更加侧重于日常生活领域。因此，让广大人民群众更加积极主动地接受和认可社会主流意识形态，就要将社会主流意识形态融入人们日常生活的方方面面。

一直以来，意识形态被披上抽象、空洞的外衣，使人们觉得难以理解与把握。然而，在日常生活领域意识形态普遍存在，一方面，日常生活是意识形态产生与发展的基础；另一方面，意识形态对引导人们的日常生活具有重要作用。对意识形态进行追根溯源，我们可以发现，意识形态作为社会意识，最终要回归到社会存在。意识形态是社会存在的反映，换句话说，意识形态是一个时代的反映。时代不同，意识形态也有所变化。任何一个时代的意识形态必然与这个时代的生产生活息息相关。意识形态无处不在，存在于日常生活的方方面面，比如政治、经济、文化、社会、生态、网络等。因此，日常生活世界终将是复杂的意识形态的基础。

无论在哪个时代，任何离开了人的日常生活的社会实践活动都是无意义的。一方面，意识形态所包含的观点折射在人的日常生活中；另一方面，人们的日常生活活动影响和改变着人们意识形态观念。也就是说，日常生活不仅是人类社会生产活动的重要场域，还是意识形的一个重要场域。日常活动的不同，其反映的意识形态也不同，并且，日常生活的变化也将导致意识形态发生变化。因此，新时代社会主义意识形态建设工作，必须多管齐下，建立合理机制，将社会主义主流意识形态融入人们的日常生活，让人们更加自觉地在日常生活中践行主流意识形态。

（二）重构日常生活中的意识形态

习近平总书记指出："一种价值观要真正发挥作用，必须融入社会生活，让人们在实践中感知它、领悟它。要注意把我们所提倡的与人们日常生活紧密联系起来，在落细、落小、落实上下功夫。"[①]意识形态代表了一个国家的主流价值，能够维护国家长治久安和社会和谐稳定发展。我国在意识形态建设中重视意识形态在政治、经济、文化等非日常生活领域的传播，而在人民群众的衣食住行、交往等日常生活层面的传播略显不足，致使西方资本主义意识形态在人们的日常生活领域不断蔓延，对人民群众的思想与行为产生了不利影响。因此，加强意识形态建设，必须让意识形态回归并融入日常生活，让意识形态在人民群众的日常生活中凝魂聚气，提高意识形态的凝聚力与引领力，使社会主义主流意识形态成为人民群众的自觉选择。

一是让意识形态回归现实生活并融入日常生活，必须从关注现实的人出发。一方面，要切实关注人们的日常生活。与以往的哲学不同，马克思主义关注的是现实的人，要充分尊重人民群众的主体地位。因此，意识形态作为精神生活中的一部分，要充分发挥人民群众创造意识形态的主体地位，既要调动和发挥人民大众的主体意识，让人民积

---

① 习近平：《把培育和弘扬社会主义核心价值观作为凝魂聚气强基固本的基础工程》，《人民日报》2014年2月26日，第1版。

极主动参与意识形态的构建，又要促进个体在日常生活中践行主流意识形态。另一方面，要关注人民美好生活的需要。让意识形态回归现实生活并融入日常生活，要构建符合人民群众的物质文化需求的意识形态，充分满足群众的精神生活需要。值得注意的是，伴随着人民生活水平的提高，人民群众的美好生活观不断发生转变，但由于受到错误思想的影响，出现了部分偏差。因此，在当代社会，更要将社会主义主流意识形态融入人们日常生活，以此警惕和防范出现错误的价值观、生活观等。因此，关注和满足人民美好生活的需要，既要推动构建更加完善的民主法治建设，不断维护和实现人民群众对社会公平正义的要求，创造公平公正的社会环境，同时也要满足人民群众对安全和环境的要求，不断提高人民群众日常生活的质量。也要在日常生活中用社会主流意识形态积极引导人民群众树立正确的美好生活观，引导人们摒弃错误的价值观。

二是让意识形态回归现实生活并融入日常生活，要推动社会主义主流意识形态走进千家万户。近几年，西方国家不断加大对我国意识形态渗透力度，越来越多地借助日常生活进行意识形态渗透，主要体现在：一方面，以日常消费、休闲、文化等多种形式向中国人民传递西方资本主义的思想观念，企图瓦解中国人民的价值观；另一方面，借助日常的人际交往活动，逐渐渗透西方的思想观念，这都加大了社会主流意识形态宣传和构建工作的难度。面对西方汹涌而来的日常生活意识形态渗透，如果不能有效地将社会主义主流意识形态大众化、日常生活化，人民群众就很难抵御住西方意识形态渗透的冲击，这必将危害到党和国家的前途命运。反之，让社会主义主流意识形态融入人民群众的日常生活，在人民心中扎牢根基，这必将巩固和加强党和国家的地位。人民群众中各个群体由于受到自身经济、教育等多方面因素的影响，形成了不同的思想观念。因此，必须采取针对性措施，根据人民群众中不同群体各自具有的特点和需要，寻求与社会主流意识形态的契合点，采取相应的方式，让社会主义主流意识形态走进千家万户。同时，要加强马克思主义大众化传播能力，让科学的马克思主义真正走进人们的生活中去。科学的马克思主义不是少数人的理论，而是广大人民群众共同的理论。只有加强马克思主义大众化传播能力，才能让越来越多的人民群众了解和掌握这一科学理论。当前，我国的主流媒体在宣传方式上大多仍然采取传统的大篇幅形式，在语言表达上仍以学术话语和专业术语为主，普通大众难以理解和接受。因此，当代主流媒体要自觉承担起意识形态宣传的责任与担当，利用新媒体，不能简单采取照本宣科、寻章摘句的方式，而是要借助人们喜闻乐见的方式，运用贴近生活的语言进行意识形态传播。

三是让意识形态回归现实生活并融入日常生活，必须要加强网络治理。截至 2020 年 12 月，我国网民规模达 9.89 亿，互联网普及率达 70.4%。随着互联网的快速普及，给人们带来广泛、深刻、持久的影响，网络的开放性以及信息多元化对于社会主义主流意识形态来说是一把双刃剑，既是机遇又是挑战。从我国网民的年龄上看，下至几岁儿童，上至八旬老人，都是网络的忠实使用者。然而，一些西方国家借助网络不断渗透西方的价值观，加大了我国主流意识形态传播的难度。近几年，我国越来越重视网络意识形态安全问题，虽然采取了多重措施加紧维护网络上的社会主义主流意识形态，但是网络上各种信息真假难辨，加上西方意识形态的冲击，网络意识形态安全形势不容乐观。现如今，人们的日常生活越来越依赖网络，必须加强网络治理，尽最大可能地发挥网络的积极作用的同时，最大化限制网络的弊端，既要为亿万网民营造健康向上的网络空间，又要使西方错误的社会思潮和观点在网络空间无处遁形。同时，根据人民群众的需要，充分利用网络传播的优势，借助大数据增强传播内容的吸引力，确保网络空间中社会主流意识形态全覆盖。

经典案例

苏联解体进程中意识形态的作用及其教训

20世纪90年代初,苏联(苏维埃社会主义共和国联盟)解体,是20世纪最重大的历史事件,严重影响了世界格局,造成两极格局瓦解,形成了一超多强的局面。

苏联作为世界第一个社会主义国家,是在马克思主义的指导下完成建立,并且在建国早期,也坚持马克思主义的指导地位。但是,从赫鲁晓夫上台开始,在他的错误领导下,逐渐开始动摇和放弃这一指导思想。尤其在戈尔巴乔夫上台后,开始实行政治体制改革,大力推行"民主化""公开化""多元化",导致意识形态领域中泛滥着各种错误的社会思想。受到错误思想的影响,党和国家逐渐丧失了科学的理论指导,苏联的建设与发展逐渐偏离科学社会主义的轨道,最终导致苏联解体。

意识形态的问题是导致苏共垮台和苏联解体的重要原因。一个国家的意识形态工作失控也就搞乱了人们的思想,更使得人们对社会主义事业失去了信心,结果导致各方面危机全面爆发,最终国家覆灭。

第二章

"总体国家安全观"与国家意识形态安全建设

通过对意识形态的内涵解读不难看出，意识形态是一个多要素、多角度及相关关系彼此影响而产生的社会意识形式，是多种社会要素共同作用的结果。在国家安全的内在组成中，意识形态与政治、经济、文化、科技、生态、军事等安全共同构成了国家安全。安全是每一个国家的中心要义，也是实现国家平稳有序发展的重要前提。因此，我们要在总体国家安全观的视域下去研究国家意识形态安全的本质特征，就是要立足于总体国家安观，以一种总体性的、动态性的、全面性的视角去把握国家意识形态安全。

一、意识形态安全是国家利益的重要组成部分

随着国家的产生和发展，国家利益一词也随之诞生。国家作为一个主体必然会产生维持生存发展所必要的欲望和需求，而国家利益就是在这些欲望和需求中孕育的。从国际外交的视角来看，国家利益是一个国家外交战略的出发点和落脚点。每个国家在与别国交往过程中，都会从国家利益的角度来评估两者之间的关系。双赢时会促进国与国之间的共同发展，有利益分歧时则会产生冲突，严重时会导致冷战。国家利益的内涵具有很强的主观性，在繁纷复杂的国家关系中，它逐渐成为一个既活跃又模糊的概念，以至于国家利益一词在引导国家关系发展等方面的作用始终存在矛盾和争议。在我国，国家利益的内涵也是丰富多样的，学者们从政治利益、经济利益、文化利益、社会利益等多个角度有针对性地对其进行了深入探讨和研究，在对国家利益的

不同解释中，我们发现，国家利益是每一个国家生存发展的必需，是国际政治关系的出发点和落脚点，它既来自国家外在需要又来自国家内部认可，既包括物质层面又包含精神层面。

意识形态作为国家上层建筑的重要组成部分，其一旦被广大人民群众和统治阶级认同和掌握，就将在整个国家的政治、经济、文化等方面居于主导地位。意识形态安全是否属于国家利益的问题目前在学术界还存在很多争论。国家利益与意识形态安全本身是两个完全不同的概念，因此许多学者常常把二者割裂开来。有些学者认为，美国对古巴、对伊朗等国的制裁，主要原因是意识形态的输出，而非国家利益驱动，他们常常认为美国这种重视意识形态输出，而忽略国家利益的做法是错误的。但是，就目前的形势来看，这种将国家利益与意识形态完全割裂的想法很难解释目前国际社会中的很多现象。如果西方资本主义国家不认为意识形态与国家利益有着非常紧密的联系，那他们为何要大肆宣扬所谓的"普世""民主"以及"自由"呢？他们甚至为了输出价值观，不惜搞乱整个世界。因此，意识形态是否安全直接或间接影响着国家利益的实现，两者是密不可分的。

（一）国家利益的内涵与特性

目前，国家利益的概念广泛地运用于国家社会关系的各个领域，已然成为外交事务中的热门话题。为此，中外学者对国家利益的内涵、特性等进行了多角度、多方面的研究和讨论，可以说研究成果相当丰硕。

著名国际关系理论家汉斯·摩根索（Hans J. Morgenthau）认为，国家利益由一个国家的政治传统和形成其对外政策的总体文化背景所决定。①莫顿·卡普兰则认为："国家利益是一个国家行为体在满足国家行为系统的需要时所具有的利益。这些需要的一部分来自国家系统内部，而其余的来自环境因素。"②"没有永远的朋友，只有永远的利益"，国际政治上的国家利益包含着非常丰富的内涵，既具有阶级属性又具有社会属性。同时，有的国家甚至会为了维护统治阶级的利益而牺牲国家、民众的利益。

20世纪80年代后，随着改革开放和国际形势的大变革，国内许多学者也开始关注国家利益的话题。大部分的学者都认同的一个观点是，因国家利益本身存在阶级性，我国国家利益的受众群体为全体中国人民，但关于国家利益的具体内容仍存在很多不同的观点。邓小平同志曾谈道："我们从来主张，在社会主义社会中，国家、集体和个人的利益在本质上是一致的，如果有矛盾，个人的利益要服从国家和集体的利益。"③学者阎学通在1996年《中国国家利益分析》一书中，他认为"国家利益"具有双重性，一是指一个民族的利益，二是认为国家利益是政府利益或者政府代表的全国性利益。不难看出，学术界对国家利益的内涵界定有着不同的理解。但可以肯定的是，我国政治意义上的国家利益是社会性与阶级性的集合，而我们国家的利益根源是人民的利益，人民的利益就是整个民族的利益，这与资本主义国家的国家利益有着本质区别。

国家利益的特征是多样的，它会分阶段、分层次的作出相应变化，主要表现为以下几个方面。首先，在国际政治关系中，它是普遍性与特

---

① [美]汉斯·摩根索：《国家间政治：权力斗争与和平》，徐昕、郝望、李保平译，北京大学出版社2004年版，第166—167页。

② [美]莫顿·卡普兰：《国际政治的系统和过程》，薄智跃译，上海人民出版社2008年版，第207—208页。

③ 《邓小平文选》（第2卷），人民出版社1993年版，第337页。

殊性的统一。对于大多数主权国家来说，彼此之间都存在类似于维护主权完整、经济发展等相似的国家利益，这是他们维护本国生存和发展的根本原则，而这一国家利益中包含着不可侵犯和可共享的两种状态，在这一层面上国家利益是普遍的。不同国家的国家利益又具有特殊性，主要表现为对外行为的不同。其次，国家利益是稳定性和动态性的统一。国家利益中既有相对稳定的且不可缺少的内容，又有因国家内部因素（如客观需求、政体形态等）和外部因素（如国际局势变动、国际金融危机等）而不断变化的内容。虽然国家利益存在必然的动态性，但只要国家仍在，维护人民安全、发展安全的利益稳定性就绝不会改变。最后，国家利益具体表现为主观性与客观性的统一。国家利益的主观性主要表现为对国家利益发展的能动反映，它是我们判断和理解客观国家利益的重要手段，而国家利益的客观性则表现为对维护国家利益的具体措施和政策的目标设定。两种表现形式是手段和目的的关系。

（二）意识形态安全是国家利益的核心组成与表达

2015年1月19日，中共中央办公厅和国务院办公厅印发《关于进一步加强和改进新形势下高校宣传思想工作的意见》（以下简称《意见》），《意见》的印发充分体现了我党对意识形态工作的高度重视。意识形态工作历来就是我们党和国家伟大斗争的前沿阵地，做好意识形态工作，事关党的前途命运、事关国家的长治久安，更是凝聚民族力量实现民族复兴的必然要求。意识形态工作的内容庞大且广泛，意识形态作为观念上层建筑，其功能分布于政治、社会、文化、经济和外交等不同系统之中，并渗透于社会主义建设的各个方面。意识形态一方面表现为国家的价值观、世界观、方法论，主要是为某一国家的政策体系提供一定的价值选择和价值尺度。另一方面表现在当它作为一种社会文化观念时，它会在很大程度上影响和规范着国家的价值观和方法论，这样就不难解释为何意识形态安全是国家利益的重要因素。

意识形态对国家利益有直接或间接的作用，它一定程度上影响着国家利益决策的制定和实施，它是国家利益的重要因素。陈乐民先生曾说，意识形态在对外关系中，其内涵是深刻的，并不是简单的意识形态，而是逐渐演变为掩盖本质意图的一种方式。换句话说，意识形态就是通过实行国家对外政策，以保证本国基本的国家利益。从学者们的观点中我们可以发现，大部分的学者都认为维护并坚守本国的意识形态，包括理想信仰、价值取向、世界观等，是每一个国家的国家利益中非常重要的核心部分。

意识形态安全是国家利益的核心组成与表达，这不是现在才有的结论，而是从美苏冷战开始就已经证明了这一概念的正确性。欧美等西方资本主义国家通过和平演变的方式，诱导苏联解体，东欧剧变。在这场没有硝烟的战争中，由于双方在国家利益和意识形态上的差异，美苏由战时的同盟国迅速转变为战后的敌对国，美国等西方资本主义国家通过渗透自身的意识形态，在达成共识的基础上开始孤立并制裁苏联及其他东欧社会主义国家，这直接导致了苏联的解体。目前，虽然和平与发展逐渐成为整个世界发展的主题，但仍有部分国家在不同层次、不同方面对他国的事务进行干预，意识形态的强行输出逐渐成为他们获得国家利益最大化的工具。因此，我们一定要有无比坚定且冷静的制度信念，始终将意识形态安全置于国家发展的重要位置，坚守底线，用事实说话，从根本上破解别国意识形态的输入，保证本国意识形态的安全。

（三）从意识形态安全到国家安全

安全是每一个国家的中心要义和核心利益，也是实现国家平稳有序发展的重要前提。随着美苏冷战的结束，许多所谓的西方理论家大肆宣扬社会主义与资本主义之间的意识形态之争已然结束，但实际情况却是在意识形态领域的斗争更为残酷和激烈。当前，我国正处于中国特色社会主义现代化建设的重要时期，又处于社会矛盾的凸显期，对内面临经济发展转型、体制进一步深化改革等难题，对外面临复杂多变的安全威胁，使得我们维护国家利益和国家安全的任务更为艰巨，而维护意识形态安全就是其中的重要环节。

纵观整个世界，看似繁纷复杂的国际关系中实则蕴含着国家安全、国家利益的内在竞争逻辑关系，这种正常的国际竞争关系在一定条件下会保持稳定状态，但是一旦出现包含让渡价值观、意识形态体系等内容选择时，这种稳定状态就会面临新的威胁和挑战。由此可见，维护国家安全的一个重要前提就是保持国家主流意识形态始终处于稳定和主导状态。其原因在于，第一，随着经济全球化的不断推进，以意识形态、国家文化为核心的软实力逐渐成为各国综合国力角逐的主要目标。以意识形态、文化为核心的软实力是国际竞争中不可缺少的要素，它们也越来越成为国家创造力和民族凝聚力的重要因素。可以说，目前世界软实力的竞争程度已然超越了硬实力的竞争，以美国为首的西方资本主义国家对外输出所谓的"自由""民主""普世"等思想，打着"人权"的幌子，大肆鼓吹其政治制度的优越性，干涉他国内政，推行其所谓的人道主义思想和言论，这些就是他们推行本国意识形态的重要体现。第二，受包括经济发展水平、军事力量等在内诸多因素的影响，发展中国家较发达国家而言依旧是全球化进程中的薄弱一方，以美国为代表的西方资本主义发达国家利用自身强劲的政治军事优势向发展比较缓慢的国家强行输入本国主流文化和核心意识形态。没有国际话语权的发展中国家只能被动接受，最终的结果就是本国经济发展日渐缓慢、意识形态安全得不到保障、政治制度趋于失灵、民族矛盾激化，这种非暴力的"软刀子"政治手段无疑成为西方资本主义国家制造国际纷争的最佳方式。

　　由此可见，维护本国意识形态安全也是保证国家安全的重要手段和方法之一。在国家安全的内在组成中，意识形态与政治、经济、文化、科技、生态、军事等安全等共同构成了国家安全。意识形态安全的内容贯穿在我们社会发展的各个领域，主要包括内部、外部的道德性意识形态安全、政治信仰性的意识形态安全、经济环境的意识形态安全以及网络信息意识形态安全等领域。近几年，随着改革开放的进一步深入，中国的经济体量不断上升，在国际事务中也获得了更多的话语权，深入参与到全球治理的过程中，在推行独立自主、"一带一路"、"人类命运共同体"等中国特色外交理念的基础上，不断承担着大国责任。但是，依然有某些西方国家打着所谓"人权""自由""民主"的旗号，利用贸易保护主义、单边主义思维不断诋毁中国的特色理念、攻击中国的主权意识观念等，甚至对马克思主义进行"妖魔化"的歪曲解释。因此，在此情形下，我们更应坚定不移地走中国特色社会主义道路，增强自身软实力，提高经济发展水平，意识形态安全领域的斗争是长期的、激烈的、复杂的，我们必须上下求索，真正实现对意识形态安全的领导权的掌握。

二、意识形态安全与国家安全的关系

　　意识形态安全是国家安全的重要组成部分，它对国家安全的维护具有重要意义。国家安全的内容是多元的，它包含了一个国家内部的政治安全、文化安全、经济安全、科技安全、军事安全等内容。两者之间的关系是密不可分的，意识形态安全从表面看，是维护一个国家内部主流意识形态理论的安全状态，实质上意识形态虽然是观念上层建筑，但其最终落脚点是指向现实、依靠现实的，是关乎国家长治久安的重要保障。因此，意识形态安全与国家安全之间保持着非常紧密的关系，特别是在政治安全、文化安全、经济安全、社会安全、生态安全、网络安全等领域。

（一）意识形态安全是维护国家安全的精神屏障

意识形态安全从本质上看，其根本是维护国家主流价值观念的安全，主要表现在国家主流意识形态观点、理论是否始终处于国家的核心位置，是否能被大众普遍认同和接受。从其表现形式上看，意识形态以一种指导理论思想的状态贯穿于国家社会建设的各个领域，对国家整体发展、建设起着重要的指导作用。意识形态安全是维护国家安全的精神屏障，主要体现在它对国家安全各领域的影响，在这里，我们重点论述以下两个方面。

第一，意识形态安全是维护国家政治安全的精神屏障。对任何一个政党、一个国家、一个民族来说，其核心要义就是要始终维护好国家的政治安全，其中包括维护国家政治主体的内容安全、意识安全以及利益需要等，它是关乎国家存亡的重要方面。近几年，一些西方敌对势力将我国社会主义发展视为对资本主义价值观和制度的威胁，通过歪曲宣扬"中国崛起""强国战略"等概念妄图掀起一场所谓"中国威胁论"的浪潮。他们用西方资本主义的视角来解读中国模式、批判中国制度，想方设法对我国意识形态进行围堵和渗透，这给我国政治领域的发展带来了巨大挑战和威胁。因此，面对此种情形，我们要始终保持清醒的头脑，用最锐利的目光看穿西方敌对势力的图谋，坚持中国共产党的领导，坚持马克思主义意识形态的引导，加强意识形态对现存国家政治制度前途命运的引导和判断，不断提升国民对主流意识形态的接受程度，为中国的进一步发展创造更多机遇，为国家政治安全建设提供重要的精神屏障。

第二，意识形态安全是维护国家经济安全的精神屏障。意识形态作为观念上层建筑，它是由一定的经济基础决定的，而经济的发展又需要一定的经济意识形态理论作为指导。从国家经济发展的角度，西方新自由主义具有一定的迷惑性与危害性。西方新自由主义倡导个人主义、主张私有化和完全的市场竞争，反对国家干预，其实质是经济利益至上的资本主义意识形态的体现。新自由主义代表的亦是垄断资本的力量，新自由主义的盛行和发展将会导致贫富差距扩大、社会矛盾激化、经济增长迟缓甚至倒退的后果。因而在经济领域中，坚持中国特色社会主义经济制度，坚持社会主义意识形态是保障我国经济平稳运行的前提。

❖ 知识拓展

中国威胁论

"中国威胁论"是指随着中国经济持续的高速增长，"中国崛起""强国战略"等概念充斥媒体，有人认为中国的体制和发展模式比欧美更有效，中国将取欧美而代之。"中国威胁论"根源于19世纪，是殖民主义和西方帝国主义的产物。当时，西方资本主义国家为了获取更大的利益，开始极尽疯狂地进行海外殖民，并制造出"西优东劣"的观念为其丑陋的殖民行为进行"合理"的解释。当前，西强我弱的国际舆论格局仍未能从根本上得到改变，西方资本主义国家一些别有用心的人散布的新一轮"中国威胁论"甚嚣尘上，他们无理由地攻击、诋毁、抹黑中国，无端指责中国为推进国际合作、构建人类命运共同体所做的努力，并试图在国际社会掀起警惕、批评、施压中国的高潮。目前来看,"中国威胁论"的错误言论在西方国家仍有市场,"颜色革命""冷战思维""零和博弈"的思维仍然是西方针对中国的"重要方向"。

(二)国家安全为意识形态安全结构提供内力和韧性

随着政治多极化和经济全球化程度的不断加深,"新的安全威胁"也随之产生,国家安全的内容得到了进一步的丰富和扩展,由原先包括国家领土安全、国家政治安全、国家军事安全、外交安全在内的传统安全,延伸到包括经济安全、意识形态安全、信息安全在内的诸多非传统动态安全领域。维护意识形态的安全是维持国家长期稳定发展,避免因外部思想冲击而影响国家安全的有力保障。同时,稳定的国家安全形势对于主流意识形态的传播和发展也起着极其关键的作用,国家安全在为保证意识形态安全结构、维护意识形态安全为核心的国家利益等方面,提供了重要的内力和韧性。我们通过以下两个方面进行论述。

第一,社会安全为意识形态安全提供了必要的斗争阵地。2015年7月1日,我国第一次明确将社会安全上升到国家安全的层面,认为社会安全是国家安全的重要保障和重要组成。"社会安全"一词,具有鲜明的政治倾向性,代表着一定阶级和利益集团的思想指向,它是一个国家或者一个利益集团能否实现某种安全状态和维持这种安全状态能力的评价标准。这种政治性极强的安全评价标准在发展过程中一定会去"占领"国民的思想阵地,如果一个国家的社会安全无法得到保证,久而久之,国家的意识形态安全也会面临巨大挑战。2015年,超过100万的难民涌入欧洲,给欧洲带来了巨大的压力和政治危机,纵观这次难民危机,我们可以发现,战乱、动荡以及区域冲突是此次欧洲难民涌入的主要导火索。战争使得大批量的百姓流离失所,变成难民,在战争的"肢解"下,他们过着无国无家、朝不保夕的生活,连生命都无法保证，又谈何维护自身的信仰、价值观、道德等方面的安全呢？因此，要实现意识形态的安全就必须要有国家安全、社会安全作为基底，为其提供必要的内力和韧性。

第二，军事安全为意识形态安全提供了重要的生存空间。军事安全是维护国家安全、实现社会稳定的重要手段。在传统安全时期，军事安全或者国防安全是一个国家最主要的保障条件。早在1927年的八七会议上，毛泽东同志就曾指出"枪杆子里出政权"，在此后的任何时期，我们国家都高度重视在国防军事等方面的建设。一方面，对于每一个国家来说，无论其经济如何发展，如果没有强有力的军事作为后盾基础，就无法阻挡来自外来军事的入侵，无法保证本国人民和其财产的安全，更不可能实现国家的安全。另一方面，军事实力的强大不仅仅是维护国家平稳有序发展的最后防线，更是提升国际话语权、屹立于世界之林的有效手段。对中国来说，虽然我们始终奉行的是独立自主的外交政策，从不用军事手段干涉和侵略他国，但并不意味着我们不需要维护本国的军事安全。面对当前诸多非传统安全威胁，维护军事安全，加强军事安全的建设仍然是我们捍卫国家安全的重要方式，仍然是我们保障社会平稳发展的现实基础。因此，维护意识形态安全，就必须加强和维护好军事安全，铸就更稳固的国防安全，不断为意识形态安全创造有利条件。

（三）以理性的态度处理好意识形态安全与国家安全的关系

意识形态是国家安全的重要内容，两者是相辅相成的关系。但在实际问题中，我们一定要兼顾好两者之间的关系。其一，我们不能以绝对的意识形态化（即泛意识形态化）而忽略国家的发展。泛意识形态化是指过分强调和夸大意识形态，任何事都上纲上线，以意识形态为标准。1990年底，在党的十三届七中全会召开前夕，邓小平同志召集几位中央负责同志谈话，他强调"资本主义与社会主义的区分不在于是计划还是市场这样的问题"，"不要以为搞点市场经济就是资本主义道路，没有那么回事。计划和市场都得要。不搞市场，连世界上的信息都不知道，是自甘落后"①，简言之，就是我们不能什么都以意识形态为标准，而是要始终站在社会实际的角度上看问题，始终站在维护人民群众根本利益的视角处理和解决问题，我们绝不能犯"泛意识形态"的错误，绝不能因意识形态的不同而阻碍与国际社会的合作。其二，我们也不能为了国家发展而忽视意识形态安全的问题，即不能"非意识形态化"。非意识形态化是西方"和平演变"的重要手段，自以美国为代表的西方资本主义国家通过"和平演变"的方式成功解体苏联后，非意识形态化就以"普世价值"、"自由"、"民主"的面孔企图渗透到我们的意识形态中，用击垮意识形态的方式颠覆社会主义政权。因此，我们不能陷入绝对的意识形态化的误区，也不能淡化意识形态的斗争，而是应该充分认识意识形态的重要地位，理解其内在的复杂性和长期性，在坚持马克思主义理论指导地位的前提下，吸收和借鉴国外优秀成果，顺应时代潮流，把握发展机遇，确保我国意识形态的稳定和安全。

政治多极化、经济全球化已然成为当今世界的客观发展趋势，任何国家想要实现发展，闭关自守是绝无可能的，只有广泛地融入全球化的战略中才是正确选择。但是，全球化是一把双刃剑，带来发展机遇的同时，也带来了荆棘。全球化是一个长期且复杂的发展过程，就目前来看，我们仍然处于由西方资本主义国家主导的全球化阶段，也是一个竞争与对抗、侵略与反侵略的复杂阶段。自社会主义产生以来，虽然社会主义与资本主义的对抗关系并未改变，但解决矛盾与冲突

---

① 《邓小平文选》（第3卷），人民出版社1995年版，第364页。

的方式却有了质的变化,从最初有形的战场延伸到现在无形的战场,从军事战场延伸到经济、政治、文化、意识形态的战场,资本主义颠覆社会主义国家政权的决心从未改变,而全球化就是资本主义国家最好的渠道。因此,在新时代,我们更应维护好意识形态的安全,以最理性的态度处理好意识形态安全与国家安全的关系,始终认清国家发展是为了更好地巩固社会主义制度、维护人民群众最根本的利益,当然,也绝不能为了发展而抛弃社会主义意识形态。同时,在面对一些发展中的新问题、新矛盾时,要及时调整发展策略,避免因意识形态的不同而阻碍与国际社会的合作。意识形态安全的维护工作是一个漫长的过程,我们要在开放中实现社会主义意识形态的全面发展,让我们的中国特色社会主义之路越走越宽,让我们的国际影响力越来越强。

三、以"总体国家安全观"指导国家意识形态安全建设

"总体国家安全观"的概念是习近平总书记于2014年4月15日在中央国家安全委员会第一次会议上首次提出的,它不仅是一个国家安全工作上的重大安全战略思想,更是以习近平同志为核心的党中央领导集体根据国内外面临的新机遇、新挑战、新威胁,坚持中国特色社会主义国家安全理论体系而得出的基本主张。当前,我国国家安全的内涵和外延比任何时期都要丰富,而意识形态问题关乎国家的道路和方向,关乎国家的政治合法性,历来都是党和国家的一项极端重要的工作。以总体国家安全观指导国家意识形态安全建设,不仅可以为意识形态安全的建设提供理论指导,而且对于坚定总体国家安全观的指导地位,矢志不渝地维护国家安全,走出一条属于中国的特色社会主义安全之路奠定了基础。

（一）总体国家安全观的内涵

习近平总书记深刻指出，"要准确把握国家安全形势变化新特点新趋势，坚持总体国家安全观，走出一条中国特色国家安全道路"[①]。国内学术界围绕这一全新国家安全理念进行了深入研究，基于总体国家安全观指导下的国家安全战略研究可谓成果丰硕。明晰总体国家安全观的内涵，首先要解释几个相关概念，只有厘清这些概念，我们才能更深入地领会总体国家安全观的内涵。

首先，总体国家安全观是新的历史发展时期，党和政府针对安全性问题提出的重大战略性指导思想，总体国家安全观视域下的中国特色国家安全道路强调的一个重要问题就是"总体性"问题，何谓"总体"？"总体"就是要将国家各领域的安全统合到一起，形成一个"体系"。这一"体系"又将国家各领域安全构成了一个有机整体，其中包括政治、经济、文化、生态、社会、军事、国土、信息等各方面的内容，这些领域的安全直接关系着国家的安全、人民的安全。强调"总体"关键在于不仅要求我们注重各个领域的安全问题，而且要求我们统筹各领域之间的关系，其中包括内部和外部、传统和非传统等，同时，还要处理好国家发展与国家安全之间的关系。其次，研究总体国家安全观的一个重要前提就是理解国家安全的内涵。国内外对国家安全的内涵存在着很多不同的观点，改革开放以来，特别是随着我国综合国力的显著增强，国家安全受到世人越来越多的关注，国家安全、国家安全战略等词语也频繁出现在我们的视野中。近些年来，我国理论界从不同的视角研究了关于国家安全的内涵问题。李少军（1995）认为国家安全就

---

① 习近平：《坚持总体国家安全观 走中国特色国家安全道路》，《人民日报》2014年4月16日，第1版。

是国家不存在危险或不存在对国家的威胁；孙晋平（2004）在此基础上提出国家安全就是指没有威胁、恐惧，国家能长期处于一个相对稳定、完整的状态，以及国家具有维持这种状态的能力。综上所述，我们发现，国家安全的内涵较为广泛，且是一个不断发展演变的概念。最后，国家安全观的内涵也是明确总体国家安全观内涵的重要指标。国家安全观主要是从本国安全的角度出发去研究国家安全的概念、面临的威胁以及如何实现国家安全等一系列问题。学者李小华认为国家安全观的内涵较为丰富，它不仅是对国家安全问题的态度，也是对国家安全思想的抽象化提炼。还有部分学者认为，国家安全观指的是对国家安全相关问题的认识和评价。综合学界关于国家安全观的研究，我们不难发现，国家安全观主要包括两个方面的内涵，一是国家安全观是一种抽象的、动态的思想理论观点，二是它包含了对如何贯彻国家安全观、实现国家安全等问题的诠释。总体国家安全观的提出，是以习近平为核心的中国共产党为应对国内外可能存在的国家安全新挑战、新问题而作出的新的安全战略布局，是实现好、维护好国家安全的重要指南。习近平总书记在谈到总体国家安全观的特征时，他提到，为了统筹国内外两个大局，我们要"既重视外部安全，又重视内部安全"；在统筹人民与土地要素时，他说要"既重视国土安全，又重视国民安全"；在审视老问题，着眼新问题时，他指出我们要"既重视传统安全，又重视非传统安全"。总体国家安全观的提出不仅对国家安全总体性作出了解释，而且用开放性的视角界定了国家安全的领域问题。国家安全是一个庞大且复杂的问题，它不能局限于其本身的内涵，而是要与国家发展相融合、与整个人类世界相适应。在新的历史条件下，我们要更加坚定地坚持总体国家安全观的指导地位，矢志不渝地维护国家安全，走出一条中国特色社会主义安全之路。

❖ 知识拓展

2015年7月1日,全国人大常委会通过了《中华人民共和国国家安全法》,该法案的通过不仅将国家安全教育纳入国民教育体系和公务员教育培训体系,而且将每年的4月15日定为全民国家安全教育日。当前,我们国家仍然存在着如"台独""港独""疆独""藏独"等企图分裂国家的"毒瘤"势力,这些势力威胁着我们国家的安全和利益。全民国家安全教育日的设立,一定程度上增强了全民维护国家安全、稳定的意识。此外,如果我们发现有不法分子企图分裂国家时,还可拨打"12339"热线进行举报。

(二)总体国家安全观视域下国家意识形态安全的本质特征

从总体国家安全观视域下研究国家意识形态安全的本质特征,就是要立足于总体国家安观,以一种总体性的、动态性的、全面性的视角把握国家意识形态安全。从总体性角度来看意识形态安全,就是要把国家各个领域的要素进行统筹安排,将其作为一个整体性系统来看待,即习近平总书记所说的五个"既重视又重视",恰当地处理好国家各领域安全与意识形态安全的关系,以国家整体性安全来保障意识形态安全,以意识形态的安全来推动国家各领域的稳定繁荣。习近平总书记曾提出:"苏联为什么解体?苏共为什么垮台?一个重要原因就是意识形态领域的斗争十分激烈……这是前车之鉴啊!"[①]苏联为什么会解体、会垮台?其根本原因在于苏联领导人执政后期,资本主义意识

---

① 中共中央党史和文献研究院编:《十八大以来重要文献选编》(上),中央文献出版社2014年版,第113页。

形态观点在整个苏联开始蔓延，部分领导人背弃了马克思主义的指导思想，国内意识形态混乱不堪，导致苏联领导人根本找不到社会主义政权存在的合理性依据，最终苏联被迫解体、东欧剧变。可以说，马克思主义意识形态指导地位在苏联的崩塌，是导致其政治、经济等领域实力下滑和彻底瓦解的重要原因之一。因此，我们要谨记这一教训，从总体性的角度重新审视意识形态安全，用总体性特征去认识意识形态和处理国家安全问题。

从动态性角度来看意识形态安全，就是要将意识形态作为一个长期性的复杂问题来看待。总体国家安全观是一个主观性很强的问题，这种思想观点是主观世界对客观世界的一种反映，因此，它会随着客观实际的变化而变化，会随着时代的变化而不断发展。对于自阶级社会产生就存在的意识形态来说，它不是一成不变的，它会随着时间、空间的变化而不断更新，国内外安全威胁的变换、国家利益的转变以及时代主题的更迭都会给意识形态安全带来很多不确定的因素。随着当前国内外局势日益复杂，新的安全威胁出现，传统安全与非传统安全相互交织，这一切都在提醒我们，维护国家意识形态安全是一个动态性的问题，我们要充分认清意识形态安全与各领域安全是相互联系、相互影响的，筑牢意识形态安全在国家各领域间的重要指导地位，充分发挥其在价值规范、思想引领中的重要作用。

从全面性的角度看意识形态安全，就是要以全面的观点去认识国家意识形态，认识影响其发展与稳定的因素，既要考虑国家意识形态安全与国家各领域安全的动态发展关系，又要考虑意识形态安全的本质要求。意识形态的稳定性直接影响着国家的安全和国家利益的实现。因此，我们要时刻从全面性的角度审视国家意识形态的重要作用，巩固其在国家各领域上的指导地位，保证主流意识形态引领下的中国特色社会主义安全道路的平稳发展。

❖ **相关链接**

《国家安全战略报告》

何为《国家安全战略报告》？就美国而言，《国家安全战略报告》是每个新上任的美国总统的法定职责，它通常是重申政府现有立场，但可以影响预算和立法，且受到国际社会的密切关注，因此被认为十分重要。2017年12月，美国前总统特朗普发布了他上台后的首份《国家安全战略报告》，长达56页的特朗普新版《美国国家安全战略报告》，成为指导特朗普政府处理国际事务的关键政策性文件。2021年3月3日，美国白宫发布了拜登政府的《临时国家安全战略指南》，这是拜登新政府发布的第一份美国全面应对国际国内局势的政策性指导文件，作为当今全球唯一的超级大国，这份文件无疑会引起国际社会的高度关注。值得注意的是，这届拜登政府公布的《临时国家安全战略指南》以数个段落的篇幅，重点阐述了拜登政府的对华政策。这些政策既有延续奥巴马第二任期的一些说法，其中也有一些带有浓厚的特朗普色彩，如认为中国采取了不公平和非法的贸易手段等。

（三）总体国家安全观视域下维护我国意识形态安全的实践遵循

当前，国际形势风云变幻，中国改革进入攻坚克难的深水区，社会矛盾叠加，各种来自国内外确定的和无法确定的安全威胁挑战日益增多，作为社会主义国家，我们更应具备居安思危的忧患意识。进入新时代，有效维护我国国家意识形态安全的意义更加强烈，为解决当前我国意识形态安全领域面临的主要威胁和突出问题，实现中华民族的伟大复兴，我们必须从总体国家安全观的视角出发，深化总体国家安全观对意识形态安全的指导作用，同时把意识形态安全作为精神屏障，支撑国家各领域的安全与稳定。具体来说，从总体国家安全观视域下维护我国意识形态安全主要可以从以下三个方面入手。

第一，深化总体国家安全观对意识形态安全的指导作用。总体国家安全观的总体性、全面性、可持续性的特点，要求其必须统筹兼顾国内外两方面的安全，必须兼顾新老问题交替的问题（传统安全与非传统安全），必须兼顾国土安全和国民安全，建立健全意识形态安全体系，保证各领域的平稳发展。因此，我们必须始终站在总体安全观的角度来建设意识形态安全。其一，从全面性角度出发，意识形态安全必须要与国家各领域安全之间形成联动机制，以防沦为片面的、碎片化的意识形态安全而无法与国家安全相融合。在总体国家安全中，各安全领域相互交织、相互影响，没有哪一个领域可以独善其身、独立发展，维护意识形态的安全，就必须让意识形态安全在其中起统筹兼顾的作用，不断推动政治安全、经济安全、文化安全、社会安全、生态安全、网络安全等传统和非传统的安全与意识形态安全相互协调。其二，从可持续的角度来看，我们应保障国家主流意识形态在国内外环境中的创新发展。当前，意识形态日益成为提升国家综合实力的重要因素，我们应该在坚持国家主流意识形态的基础上吸收国外优秀的文明成果，全力提升本国意识形态的国家影响力。

第二，提升国家意识形态领域的国际话语权。人创造了语言，但人却从属于语言。正是因为有了语言，我们才可以深刻地反思和沉淀人类思维和历史文化。随着中国现代化进程的不断推进，各种意识形态的涌入，造成社会上出现了一些错误的认知，甚至有人说马克思主义已经过时，根本不具备学理性和科学性，更有甚者认为中国现在搞的也不再是马克思主义，这一现象的产生导致马克思主义在某些领域和空间中逐渐被标签化、边缘化。作为以马克思主义为指导的社会主义国家，要保证我国意识形态的安全就必须提升马克思主义的国际地位。在国际事务上，马克思主义思想面临的边缘化、标签化，逐渐成为我们处于"失语""失声"的状态的重要原因之一。所以，我们要创新和发展马克思主义，增强其国际地位，掌握思想舆论的阵地，这是保证意识形态安全的迫切要求，是保证国家安全的重中之重。

第三，推动构建国家意识形态安全的政治社会化的发展模式。如果一套成熟完备的理论体系不能为人所知、为人所懂，那这套理论基本形同虚设。意识形态安全教育的教育群体都是真实的人，我们在进行教育活动时，切不可想当然地去凭空想象教育对象，而是要从他们的实际需要及其自然的社会的关系出发有理有据地开展教育活动，不断推动建构国家意识形态安全的政治社会化的发展模式。简单来说，就是用好互联网、大数据的平台，从宣传、预警、评估等机制出发进行构建。我们应学会广泛运用网络平台，搭建网络交流平台，增加网络信息传播能力，做好意识形态的宣传工作。一方面，为着力保障意识形态的传播实效性，我们应搭建互联网远程宣传平台，使广大群众足不出户就能接受意识形态宣传教育。通过运用微信、微博、小视频等新媒体渠道进行意识形态教育宣传工作，此外，对于一些有代表性的、贴近人民群众的案例，要积极地给予评价，以网格式的社区为单位，开辟社区网络论坛，争取让每一位社区成员都参与其中，提升意识形态的宣传效果，让人们可以充分了解意识形态安全的重要作用。另一方面，国家应该加强信息空间的管理和审查，对于一些损害意识形态安全的信息传播，要予以严厉打击和法律制裁。同时，充分利用互联网新媒体这一平台，整合网络资源，精选一些通俗易懂、简单明了又喜闻乐见的视频文字，以提升意识形态教育的感染力。

经典案例

当前，社会上存在着极少数无视历史实际、先驱牺牲努力和民族大义的人，或恶意炒作获取不法商业利益，或打着学术研究的幌子，冒天下之大不韪，趁机起哄，哗众取宠，博眼球，蹭热点，企图歪曲事实，诽谤、诋毁和侮辱一些历史民族英雄、革命先驱、抗日抗战烈士，恶搞英雄先烈，否定英雄行为，给英烈亲属造成巨大的精神痛苦和心理创伤，伤害社会公众的民族和历史感情，损害社会公共利益，严重损坏英雄先烈的伟大光辉形象。现在，是时候与这些黑暗势力做斗争了，曾经国家英雄用生命守护了我们国家，给我们换来了光明的未来，我们也应该用真相、用法律守护这些革命英雄。我们应该对现行的公民名誉权进行丰富和拓展，用法律的武器严惩那些侮辱、丑化英雄人物形象的行为，切实捍卫我们的英雄，也是实现好、维护好我们的意识形态安全的关键手段。

第三章

政治领域国家意识形态
安全建设的挑战及应对

历史和现实反复证明，政治安全是国家安全的根本，能否做好政治领域国家意识形态工作直接关乎到人民的安居乐业、党的长期执政、国家的长治久安。纵观我国政治领域国家意识形态安全工作建设的发展脉络，呈现出一个螺旋式上升的过程。可以说，不同时期国内国际复杂的形势对我国意识形态建设都产生了不同影响，党的历代领导人根据时代发展的需要和对世界格局的判断，提出一系列充满战略智慧的意识形态建设思想，对政治领域国家意识形态工作进行了有力指导。本章以政治领域国家意识形态安全建设为切入点，通过剖析西方国家盛行的资本主义"普世价值"的"傲慢与偏见"以及西方国家主导或干涉主权国家政治的阴谋与本质来具体阐释当前我国政治领域国家意识形态安全建设存在的挑战，并探寻出有效促进政治领域国家意识形态安全建设的应对策略。

一、资本主义"普世价值"的"傲慢与偏见"

随着西方资本主义社会的发展，逐渐形成以自由、民主、人权、法治、平等为核心的"普世价值"。这种抽象的"普世"观念在西方国家受到热捧并不是偶然，事实上它与整个西方社会长期发展密切相关。这种"普世价值"已成为西方资本主义思想向全球扩张和推行霸权主义的借口，有着特殊的政治意图。近年来，"普世价值"已沦为西方国家推广"西式民主政治"的思想武器，给人类社会的发展带来了前所未有的挑战。不可否认的是，从21世纪初期开始，"普世价值"思潮日益威胁我国国家意识形态安全，是西方资本主义强国对我国推行霸权主义的最新手段。"把当代中国的改革开放纳入资本主义世界文明的轨道，是他们热衷传播'普世价值'的根本目的。"[①] 由此可见，要从我国政治安全视角出发，警惕西方"普世价值"的"傲慢与偏见"，力求维护我国国家主权、政权、政治制度、政治秩序以及意识形态等方面免受威胁、侵犯、颠覆、破坏。

（一）"普世价值"的历史演变

"普世价值"从西方文化传统中来，由宗教视域下基督教会的"普世主义"，发展到资产阶级统治时期的"普世价值"。可以说，"普世价值"的形成是一个漫长而又曲折的历史过程。

首先，"普世"的概念是从基督教的"普世主义"发展衍生而来的。追本溯源，"普世"一词来自希腊文 Oik-Oumene，是"世界"的意思。从古希腊后期开始，"普世"的概念逐渐变成基督教的传教工具，伴随着基督教的发展壮大，"普世"内涵也进一步丰富。公元 1 世纪，为了使更多地区的民众可以成为基督教徒，使徒保罗等人不得不改造教义和规制，使其具有"普世"性。公元 325 年至公元 392 年，基督教教义和规则得到进一步统一，并成为罗马帝国政权的精神支柱，在这种集权统治下，基督教逐渐上升到国教的高度。从此，基督教的"普世"性与国家政治制度和政治文化紧密联系在一起。

其次，"普世主义"成为基督教会对抗世俗王权的工具。伴随着从奴隶社会迈入封建社会的历史进程，基督教的规模取得了跨越式发展，"普世主义"价值理念日益成为巩固教会统治地位的思想工具。最具代表性的是基督教教义中主张"普遍拯救论"，这里的上帝角色是指众生

[①] 侯惠勤：《"普世价值"的理论误区和实践陷阱》，《马克思主义研究》2008 年第 9 期，第 20 页。

的上帝，所有信仰他的人可以得到救赎，对所有信徒来说，这种价值追求是"普世性"的。与此同时，基督教会凭借着价值追求和组织结构的"普适性"使基督教在传播过程中能够克服文化、语言、种族等限制。同时在欧洲"世俗世界"中，基督教会已经演变为一种将宗教组织与政治力量紧密结合的综合体，神权思想进一步渗透进政治文化和政治制度领域。伴随着欧洲世俗王权的不断强大，为了获得更多的统治权，王权必然与教权发生诸多矛盾。基督教会对抗世俗君王权威，维护自身在基督教世界的核心地位的王牌工具就是"普世主义"。

最后，"普世价值"成为资产阶级反对西方封建统治的思想武器。资产阶级统治者只有将符合自身利益的特定思想装扮成有道理的、四海之内皆能说通的观念，才能使众人接受，并加以巩固自身的统治。13—14世纪，资本主义萌芽开始出现，伴随着生产力水平的提升，新兴的资产阶级势力不断增强。面对长期压迫，新兴的资产阶级试图通过文艺作品来推翻基督教会的神权统治，表达了对自由、平等、民主的强烈愿望，史称"文艺复兴"。17—18世纪，资产阶级革命时期，实力薄弱的资产阶级为了反抗封建领主和教会的双重压迫，试图将自由、平等、民主、法治、人权等价值观念变为反对封建专制和神权统治的口号和工具。可以说，资产阶级取得完全胜利的标志是他们掌握了国家政权，把"普世价值"应用于当代西方国家政治制度实践中。

（二）"普世价值"沦为欧美国家推广"西式民主政治"的思想武器

正如《共产党宣言》所言："它迫使一切民族……按照自己的面貌为自己创造出一个世界。"[①] 西方"普世价值"的最终形成，标志着西欧

---

① 《马克思恩格斯选集》（第1卷），人民出版社2012年版，第404页。

资产阶级在长期的斗争中最后战胜了封建统治和神权统治。但是以英、美、德、法为代表的资本主义强国并不满足现状，他们在对外扩张和走上霸权之路的过程中，开始把"普世价值"作为对亚非拉国家推广"西式民主政治"的思想武器。从垄断资本主义到帝国主义阶段，西方资产阶级通过推广"普世价值"来加速争夺利益、瓜分世界范围，对世界各国人民的生存和发展带来了极大的威胁。

20世纪中后期，由于反法西斯战争的胜利，世界不同区域的力量博弈发生了巨大变化，基本形成西方资本主义国家和社会主义国家两大阵营。"二战"以后，西方发达国家继续推行霸权主义，扩张方式也相应发生了改变，由旧殖民主义变成了新殖民主义。最典型的事件就是以美国为首的资本主义国家企图通过"和平演变"来颠覆社会主义国家政权，苏联这一超级大国的解体标志着用"普世价值"作为思想武器的西方国家取得了"冷战"的胜利。20世纪末至21世纪初，西方"普世价值"思潮一直威胁着中国意识形态安全，如何更好地应对西方新一轮的霸权主义，如何避免像苏联那样被颠覆政权的悲惨命运，成为国家意识形态安全建设的重要课题。

（三）马克思主义视域下的自由、平等、民主、人权理念

马克思用具体的、历史的方法对西方"普世价值"进行批判，所倡导的价值范畴与资本主义意识形态下的价值取向有着本质的差别。马克思指出："统治阶级的思想在每一个时代都是占统治地位的思想。"[①] 这说明了每个时代的统治阶级的思想成为该时代的主流，都是其自身的阶级利益对社会关系的自觉反映。因此，西方资本主义世界所倡导的"普世价值"完全是为了自身利益和自身统治而形成的资本主义意

---

① 《马克思恩格斯选集》（第1卷），人民出版社2012年版，第178页。

识形态。事实上，马克思主义视域下的自由、平等、民主、人权理念性质的体现和实现必然要回应民意的诉求，代表着绝大多数人、为绝大多数人谋利益的价值观，最终目标是要实现全人类的彻底解放和自由发展。在我国，马克思主义在意识形态领域中占据着主导地位，因此，意识形态工作必然将维护和发展好人民群众的根本利益作为一切工作的出发点和落脚点。

❖ 相关链接

在纪念马克思诞辰200周年大会上的讲话①

同志们：

今天，我们怀着十分崇敬的心情，在这里隆重集会，纪念马克思诞辰200周年，缅怀马克思的伟大人格和历史功绩，重温马克思的崇高精神和光辉思想。

……

马克思主义是人民的理论，第一次创立了人民实现自身解放的思想体系。马克思主义博大精深，归根到底就是一句话，为人类求解放。在马克思之前，社会上占统治地位的理论都是为统治阶级服务的。马克思主义第一次站在人民的立场探求人类自由解放的道路，以科学的理论为最终建立一个没有压迫、没有剥削、人人平等、人人自由的理想社会指明了方向。马克思主义之所以具有跨越国度、跨越时代的影响力，就是因为它植根人民之中，指明了依靠人民推动历史前进的人间正道。

……

---

① 习近平：《在纪念马克思诞辰200周年大会上的讲话》，人民出版社2018年版。

二、西方国家主导或干涉主权国家政治的阴谋与本质

当今世界正处在一个大发展大变革大调整的时期,这势必要求我们认清国际局势,研判以美国为首的西方资本主义强国长期主导或干涉主权国家政治的阴谋与本质。一方面,从宏观视角来看,美国热衷于推动"颜色革命",这给世界带来了巨大的灾难。从国际视野看,西方国家倡导的"普世价值"已成为 21 世纪全球"和平与发展"的最大威胁之一;从国内视野来看,敌对势力一直试图在我国部署"西化分化"的意识形态战略,危害我国意识形态安全。另一方面,从微观视角来看,当前我国公民的政治认同水平尚处于"欠发达"阶段,这与当前我国社会主义现代化进程取得的非凡成绩存在着一定的差距。因此,只有清醒地认识和辨析西方对抗性社会思潮,才能遏制其对我国社会主义意识形态的淡化和消解。

(一)美国对"颜色革命"为何乐此不疲?

第二次世界大战结束后,苏联和美国作为反法西斯战争的主要战胜国,成为全球仅存的两个超级大国。由于二者自身国家意识形态的巨大差异,从盟友关系转变为敌对关系是历史进程的必然结果,长达数十年的冷战从此拉开帷幕。在此期间,美国相继发动了朝鲜战争和越南战争,这是其推行霸权主义政策的直接体现,可以说,以自由、民主、人权等价值观为核心的"普世价值"逐渐失去以往的革命意义,变成了资本主义强国干涉别国内政、争夺霸权,试图威胁、侵犯、颠覆、破坏主权国家政权的代名词和遮羞布。

作为超级大国,美国在全球发展中并没有承担起超级大国的责任,相反却为了自身利益,仗着自己的实力以暴力或非暴力的手段持续破

坏着世界格局的平衡。从20世纪50年代以来，以美国为首的西方资产阶级将自己包装为"人类道德制高点"向全球渗透和宣扬其意识形态，将"普世价值"作为推广"西式民主"的潘多拉魔盒。以美国为首的西方资本主义国家成功对苏联和东欧国家实施了"和平演变"战略，以苏联解体为显著标志，大大削弱了社会主义阵营的实力。20世纪末至21世纪初，美国的霸权主义又生成新一轮"和平演变"手段——"颜色革命"。美国为了巩固自身超级大国的霸主地位和谋求更多的经济利益，在多个国家实施以"推进民主"为战略口号的新攻势。可以说，这是利用"颜色革命"这层外皮来掩盖自身的险恶用心，一方面向其他国家积极渗透"普世价值"的合理性，另一方面大力鼓吹西方的民主程序，变相掌控其他国家的民主结果，从而顺利建立了"亲美"政权。在"颜色革命"的作用下，这些建立"亲美"政权的国家的人民并没有因此过上好日子，相反，经济持续下滑、社会动乱不安、政治腐败不堪等负面效应愈演愈烈，人民群众陷入了水深火热之中。这一切已经充分证明了美国一直以来宣扬的"西式民主"的虚伪性，我们要清醒地认识到"和平演变"的危害，警惕"颜色革命"的渗透，维护好我国意识形态安全。

❖ 相关链接

"颜色革命"是难民危机之源[①]

进入21世纪，政权更替和"颜色革命"成为美国等西方大国谋求霸权利益的主要"法宝"。塞尔维亚（2000年）、格鲁吉亚（2003年）、

---

① 田文林：《"颜色革命"：难民危机的罪魁祸首》，《光明日报》2015年10月14日，第12版。

乌克兰（2004年）、吉尔吉斯斯坦（2005年）都贡献了这方面的"经典"案例。具体到中东地区，早在2001年"911"事件后，美国就制定了"颠覆数国政府"的计划，包括阿富汗、伊拉克、叙利亚、黎巴嫩、利比亚、索马里、苏丹、伊朗等。在此背景下，阿富汗、伊拉克政府先后被武力推翻。2011年，中东地区的政治动荡则为西方大国借机推翻那些"不顺眼"的国家提供了难得的契机。这场剧变刚开始，西方媒体便抢先将其冠名为"阿拉伯之春"，竭力将其朝"民主化"方向引导。突尼斯、埃及等国的政权更替，背后均暗藏西方干预的阴影。利比亚的卡扎菲更是被内外敌对势力里应外合，以武力推翻。

……

对包括中国在内的广大发展中国家来说，叙利亚难民危机的最大启示，就是让人们深刻认识到"稳定压倒一切"的极端重要性。没有了国家稳定，个人再有本事，也难免颠沛流离，甚至沦为"亡国奴"。进一步看，则是捍卫政权稳固、防范西方"颜色革命"的极端重要性。列宁曾指出，"一切革命的根本问题是国家政权问题"。当政者维护政权，当然要依靠人民、服务人民，同时还要高度警惕境内外各种敌对势力的渗透和"颜色革命"。在事关政权存亡的大是大非问题上，当政者必须勇于担当，不能有半点含糊。在这种关键时刻妥协退让，只会使国家陷入灾难深渊，使人民根本利益遭受严重的损害。

（二）西方敌对势力对我国"西化分化"战略没有改变

党的十八大以来，全国人民在新时代伟大事业的历史进程中更加坚定了"四个自信"。不可否认的是，自东欧剧变后，世界社会主义运动的历史进程受到重大挫伤，然而我国坚持中国特色社会主义道路，在改革开放四十多年的时间里取得了令世人瞩目的骄人成绩，取得如此发展成就的中国自然成为以美国为首的资本主义强国"和平演变"的新对象。可以说，西方敌对势力一直妄图通过意识形态渗透，来威胁、侵犯、颠覆、破坏我国主权独立、领土完整。他们破坏我国马克思主义指导、中国共产党的领导、中国特色社会主义道路，使社会主义中国转向资本主义道路的企图一刻也没有终止。当前，国内外形势严峻，不确定风险因素依然突出，党的执政能力和执政安全也面临着更多的风险和挑战，诱发"颜色革命"要素依然存在。

习近平总书记指出："当今世界，意识形态领域看不见硝烟的战争无所不在，政治领域没有枪炮的较量一直未停。"① 西方"普世价值"在政治领域的实质是"民主普世论"，是西方资本主义强国推广"西化分化"的一种霸权战略。近年来，"民主普世论"的产生正是西方敌对势力试图和平演变中国的新思想武器，他们通过支持配合"藏独""台独"等分裂势力，试图破坏我国的国家主权和领土完整。2014年，台湾地区爆发了"太阳花运动"，"太阳花"两次争议性判决暴露出台湾地区民主庸俗化、政治媚俗化，司法迎合政治的现状。这样的伪民主、伪自由导致大陆和台湾签署的"两岸服贸协议"搁置，对台湾经济的平稳运行产生极大的破坏。2014年，由国外势力鼓动、台独分子参谋、香港极端组织组织、策划"非法占中"的事件，妄图通过搞"颜色革命"在香港"夺权"。进一步来说，"港独"势力试图主导乱港派、让境外势力干预香港事务，打开"颜色革命"的缺口，使香港特别行政区演变成反共反华的桥头堡，使政治斗争成为香港特区的主要矛盾，严重影响香港地区的稳定繁荣。与此同时，以美国为首的西方国家长期资助"西藏基金会"（Tibet Fund）和"那旺区培奖学金"（Ngwang Choephel Fellows），显然，他们通过"学术文化"的虚伪面纱妄图掩盖自己卑劣

---

① 资料来源：人民网-中国共产党新闻网，http://theory.people.com.cn/n1/2017/1012/c40531-29583383.html.2017-10-12。

的行为。事实上，这都是美国政府用来"西化分化"我国的工具和手段。美国对我国施行的"西化分化"战略，除了上述行动外，还包括新疆问题、南海问题、东北亚问题，等等。有效遏制西方对我国"西化分化"的阴谋是维护我国国家安全建设的重要内容，这要求我们防患于未然，通过解决一系列最突出的社会矛盾问题和化解潜在的社会风险，从而有效规避"颜色革命"爆发的风险点。

（三）西方对抗性社会思潮会淡化和消解人们的政治认同

随着中国改革进程的不断深入，国内外产生了不同特征的社会思潮，尤其是借助经济全球化的浪潮，大量西方对抗性思潮不断涌入我国境内，肆意传播具有资产阶级意识形态的价值观念。例如，新自由主义论、全球民主论、"第三条道路"、趋同论等对抗性理论。可以说，这在一定时间、特定领域弱化了马克思主义的价值认同，一定程度上弱化和消解了人们的政治认同，对我国意识形态安全建设工作造成巨大冲击。

只有全面认识和排查意识形态领域的主要风险点，特别是改革开放以来对我国产生重要影响的几种对抗性社会思潮，才能提早有效制定对策，强化人们的政治认同。首先，从政治领域来说，新自由主义是在我国意识形态安全建设中产生重要影响的社会思潮之一，它是西方敌对分子企图颠覆社会主义政权的重要思想武器。习近平总书记指出："近些年来，国内外有些舆论提出中国现在搞的究竟还是不是社会主义的疑问，有人说是'资本社会主义'，还有人干脆说是'国家资本主义'、'新官僚资本主义'。这些都是完全错误的。我们说中国特色社会主义是社会主义，那就是不论怎么改革、怎么开放，我们都始终要坚持中国特色社会主义道路、中国特色社会主义理论体系、中国特色社会主义制度，坚持党的十八大提出的夺取中国特色社会主义新胜利的基本要求。"①俄国十月革命的爆发,建立了人类历史上第一个社会主义国家——苏联。社会主义国家一直都是西方国家攻击的对象,西方国家企图操控新自由主义来颠覆社会主义政权,新自由主义本质上是为资本主义制度做辩护的社会思潮,一定程度上能够影响我国社会主义市场经济的平稳运行,也会对人们的道路自信和政治认同产生消极影响。其次,民主社会主义从中国共产党成立初期就传播到国内,作为一股西方敌对社会思潮深深影响着人们的思想观点和价值观念。民主社会主义思潮在本质上是坚持指导思想多元化,从而进一步否定和质疑我国的道路、理论、制度和文化。在这一敌对社会思潮的攻击下,那些理想信念不够坚定的人民大众很容易怀疑马克思主义的科学性和真理性,甚至站在"普世价值"的一方来排斥和抗拒马克思主义。最后,"普世价值"作为西方资本主义在上层建筑的产物,本质上是维护自身统治的政治工具。他们打着"自由、民主、人权"旗号对其他国家进行思想文化渗透,这种具有很强的迷惑性的对抗性社会思潮对我国意识形态安全产生较大威胁。可以看出,西方"普世价值"在一定程度上挑战了马克思主义在我国意识形态的主导地位、削弱了民众的"四个自信",导致部分民众的思想和行为发生巨大改变。除上述对抗性社会思潮以外,还有历史虚无主义、民粹主义,等等。由于我国意识形态安全建设尚有一些亟须解决的难题和症结,加上西方对抗性社会思潮具有迷惑性,长此以往,会消解民众对马克思主义信仰的坚定性、淡化民众自身的责任和担当意识,从而形成错误的世界观、人生观和价值观,最后威胁到民众对党和政府的政治认同。

---

① 中共中央党史和文献研究院编:《十八大以来重要文献选编》(上),中央文献出版社2014年版,第110页。

❖ **相关链接**

毫不动摇坚持和发展中国特色社会主义[①]

党的十八大精神,说一千道一万,归结为一点,就是坚持和发展中国特色社会主义。今年是邓小平同志提出建设中国特色社会主义进入 31 个年头了。邓小平同志开创了中国特色社会主义,第一次比较系统地初步回答了在中国这样经济文化比较落后的国家如何建设社会主义、如何巩固和发展社会主义的一系列基本问题,用新的思想观点,继承和发展了马克思主义,开拓了马克思主义新境界,把对社会主义的认识提高到新的科学水平。

中国特色社会主义是社会主义而不是其他什么主义,科学社会主义基本原则不能丢,丢了就不是社会主义。一个国家实行什么样的主义,关键要看这个主义能否解决这个国家面临的历史性课题。历史和现实都告诉我们,只有社会主义才能救中国,只有中国特色社会主义才能发展中国,这是历史的结论、人民的选择。随着中国特色社会主义不断发展,我们的制度必将越来越成熟,我国社会主义制度的优越性必将进一步显现,我们的道路必将越走越宽广。我们就是要有这样的道路自信、理论自信、制度自信,真正做到"千磨万击还坚劲,任尔东西南北风"。

三、党员干部要增强"四个意识",坚定政治信仰

坚守马克思主义的主流意识形态阵地,这关乎党的前途命运、国

[①] 习近平:《习近平谈治国理政》(第 1 卷),外文出版社 2014 年版,第 13 页。

家长治久安和人心向背。当前,我国政治领域国家意识形态安全建设出现了一些不可忽视的新情况、新问题。比较典型的例子是以美国为首的西方资本主义国家企图运用对抗性的社会思潮来淡化和消解我国民众的政治认同,从而达到"西化分化"的战略图谋。俗话说:"群众看党员,党员看干部。"党员干部作为中国共产党整个队伍的骨干力量,更要严格遵守政治纪律、坚定理想信念、发挥党员干部的模范作用。因此,新时代全面从严治党环境下厚植党的执政基础,关键是要把党员干部群体建设好,进一步增强党员干部队伍的"四个意识",拓展好党员干部的国家政治意识形态安全视野,更好地防范意识形态等领域重大风险,从而更加坚定马克思主义政治信仰。

(一)增强政治意识

习近平总书记指出:"在坚持党的领导这个重大原则问题上,我们脑子要特别清醒、眼睛要特别明亮、立场要特别坚定,绝不能有任何含糊和动摇。"[①] 这一重要论述进一步阐释了在意识形态领域里坚持党的领导这一问题的极端重要性。长期以来,政治问题一直是根本性的大问题,政治意识是打头的、管总的。党的十八大以来,全党上下高度重视主题教育活动的开展,广大党员干部的政治理论素养和思想境界在长期高要求的深入学习中得到了很大提升。但是由于西方对抗性社会思潮在我国的长期渗透,冲击了一些党员干部的政治信仰和制度自信,使其在政治意识领域存在了认识误区,这给党的建设埋下了较大隐患。可以说,党员干部如果没有坚定的政治意识,必将影响党的战斗力,长此以往,必将无力捍卫党的领导和社会主义制度。

---

① 中共中央文献研究室编:《习近平关于社会主义政治建设论述摘编》,中央文献出版社2017年版,第32—33页。

党员干部只有深刻认识党面临的"四大考验"，才能在复杂的国内外环境下提升政治敏锐性和鉴别力，从而做出高瞻远瞩的研判和行动，最终建立良好的政治生态。相反，如果党员干部失去对中国特色社会主义制度的信仰，最终会像苏联一样自毁长城。伴随第二次世界大战的结束，"冷战"成为新世界格局的直接缩影，这种世界格局持续了近半个世纪。美国作为资本主义头号强国为了遏制和颠覆苏联，采用了多种霸权手段和谋略，除了寄希望于通过军备竞赛来消耗和削弱苏联国家实力外，更是希望通过和平演变的"西化分化"的阴谋来搞垮社会主义阵营。他们的阴谋最终导致东欧剧变和苏联解体，这意味着美国长期推行的"和平演变"战略取得了完全胜利，这在一定程度削弱了世界社会主义阵营的力量和信心。回顾和反思这段令人失望而又痛惜的历史，我们就会发现，苏联共产党党内政治意识严重丧失、历史根基丢失和思想层面混乱是导致其垮台和解体的根本原因。戈尔巴乔夫作为苏联最高领导人在面对政治体制矛盾日益激化时，试图进行一定的改革来挽救。但是他放任党内党员的政治意识丧失，允许党员的信仰自由，允许多党通过民主选举成为执政党等一系列"改革"措施，实际上是放弃了苏联共产党的绝对领导权，放弃了马克思列宁主义在意识形态领域的指导地位，这为西方"和平演变"战略的实施打开了"绿色通道"，最终导致这个社会主义大国的轰然倒塌。因此，党员干部要不断增强政治意识，坚定"四个自信"，才能避免发生颠覆性政治错误，才能推动中国特色社会主义伟大事业迈向新征程。

（二）大局意识

大局意识对于党员干部的重要性不言自明，这就要求党员干部在工作中能够做到正确认识、自觉服从和坚决维护大局。广义上来说，各项工作中能够做到以大局意识为价值遵循，必然能够处理好现阶段中改革、发展、稳定三者之间的关系。当前,我国正处在从富起来到强起来的新发展阶段,在"五位一体"总布局下,机遇与挑战并存,全国各族人民只有紧紧围绕在党的周围,坚持走中国特色社会主义道路,才能实现中华民族的伟大复兴。我国党员干部队伍作为9000多万名党员队伍中的骨干力量,能否真正领会大局意识是衡量其政治自觉和责任担当的重要因素,这直接关乎党的集中统一领导的政治优势,乃至影响到中华民族伟大复兴的历史进程。

考察党员干部的重要衡量标准就是看其是否有大局意识,并能够将这种意识能动地指导各项工作。一方面,党员干部要深刻掌握和运用大局意识。总的来说,在新的历史阶段,伴随着全面从严治党方针的层层落实,党和党员干部的思想作风状况呈现良好的发展态势。但是,也存在着一些党员干部在岗位上片面、孤立、静止地处理工作,存在表里不一、说一套做一套的风气,以至于出现地方保护主义的怪现象,这种没有担当精神的行为对党和国家的事业造成巨大隐患。对整个中国来说,地方、部门工作的运转是大系统中的一个子系统,子系统只有在大系统的指导下才能有效平稳运行。对党员干部来说,在面对重大和紧急事件时必须树立"一盘棋"的思想。例如,2020年上半年,我国正处于抗击新冠肺炎疫情的关键时期,全国各地在抗击疫情时都面临着巨大的压力,特别是面临防疫物资的紧缺问题。在这种严峻形势下,大理市卫生健康局为了缓解本地区物资短缺的困境,竟然对原本发往重庆市的口罩实施"紧急征用"。这种自私的做法透露出少数党员干部不讲政治、不顾全局的思想作风,损害了党的创造力、凝聚力、战斗力。随着事态的发展,本次事件中,负有主要责任的党员干部也得到了相应的处分。在全国抗击疫情的关键时刻,这种负面新闻给广大干部群众的政治素养和思想作风敲响了警钟,党员干部只有服从和维护大局,才能助力于抗击疫情的全面胜利。另一方面,党员干部要旗帜鲜明地坚持中国特色社会主义的发展方向。面对国内外复杂的局势，党员干部只有增强战略定力、胸怀大局、着眼大事，才能在实现"两个一百年"的奋斗历程中形成强大的凝聚力和战斗力；党员干部只有增强大局意识，正确判断国家建设和发展的总体趋势和各阶段的中心任务，才能不断完善、发展和推动中国特色社会主义制度。

（三）核心意识

毛泽东同志指出："中国共产党是全中国人民的领导核心。没有这样一个核心，社会主义事业就不能胜利。"① 回首党的光辉历史，就会发现，不论党处于哪个历史时期，党中央权威和集中统一领导工作开展得好，党的事业就会不断向前发展，战胜和克服一系列困难险阻，为最终的伟大胜利奠定良好的基础。例如，1935年遵义会议的召开及时调整了党的核心领导干部，挽救了党的事业，毛泽东同志进入党的核心领导层，开始能够参与党内重大事情的决策，这是党走向伟大胜利的关键起点。中共七大的顺利召开，真正确定了毛泽东同志在政治、军事、组织、思想等独一无二的领导地位。整风运动对全体党员干部的思想进行了一轮洗礼，对实现毛泽东同志全党的领袖地位起到了重要的推动作用。毫无疑问，毛泽东同志成为全党的核心领导地位是当之无愧的，他在党内外奠定了极其重要的思想政治基础。党的十八大以来，非凡的战略判断、政治领导、人民立场、历史担当贯穿于以习近平同志为核心的党中央治国理政的全部实践中，顺利推动了伟大事业的历史进程。

---

① 《毛泽东文集》（第7卷），人民出版社1999年版，第303页。

增强核心意识，是我们党的一贯政治主张和政治优势。党章明确规定，党员个人服从党的组织，少数服从多数，下级服从上级，全党各个组织和全体党员必须服从党的全国代表大会和中央委员会。党章规定的这个"四个服从"，既是我们党最基本的组织原则，也是最基本的组织纪律。列宁指出："要使无产阶级能够正确地、有效地、胜利地发挥自己的组织作用（而这正是它的主要作用），无产阶级政党内部就必须实行极严格的集中和极严格的纪律。"[①]可见，形成强有力的中央领导集体和领导核心对于无产阶级政党的发展壮大是至关重要的。"事在四方，要在中央。"因此，维护党中央权威，坚持中国共产党的坚强领导是中国特色社会主义制度的最大优势。在此基础上，党员干部要坚决维护习近平总书记这个核心，用习近平新时代中国特色社会主义思想指导一切实践工作。

（四）看齐意识

1945年，毛泽东同志在党的七大预备会议上说："看齐是原则，有偏差是实际生活，有了偏差，就喊看齐。"[②]自中国共产党成立以来，党带领全国人民不论在革命、建设时期还是改革时期，能够从小到大、从弱到强，取得一个又一个胜利的根源在于全党上下有着很强的看齐意识，能够形成集中有力的领导，始终维护党的团结统一。反观苏联，作为社会主义阵营的第一号强国，一旦全党上下失去看齐意识，在西方"公开性""民主化"的口号攻击下，这座大厦就会失去赖以维系的根基，党的权威就会受到严重损害，加之党内思想和组织严重混乱，最终导致党的领导权丧失，酿成苏联解体的悲剧。

[①] 《列宁专题文集（论无产阶级政党）》，人民出版社2009年版，第252页。
[②] 《毛泽东文集》（第3卷），人民出版社1999年版，第297—298页。

进入新时代以来,西方意识形态对我方意识形态领域的攻击势头更加猛烈,这种攻击的手段和方式隐蔽且险恶,我们尤其要警惕西方资本主义国家的"西化分化"阴谋,不然将会使党的领导力量受到损害,加剧意识形态分歧。当前,在党内有些党员干部在重大原则问题和大是大非问题面前立场不坚定,身在要职却经常违背党的大政方针和人民的意愿,或者安于现状,不注重马克思主义理论的学习,没有忧患意识,等等。如果对党员干部政治生活不加以约束,必然对党的建设和社会现代化建设造成不可挽回的危害。因此,在新发展阶段,党员干部要在思想建党上看齐,要求党员干部务必在系列主题教育活动中将看齐意识内化于心、外化于行,自觉同党中央保持高度一致。这样的党是充满凝聚力、创造力的,"人心齐、泰山移",才能带领全国各族人民同心共济为实现中国梦而不懈奋斗。

❖ **相关链接**

年轻干部要提高解决实际问题能力 想干事能干事干成事[①]

年轻干部要提高政治能力。在干部干好工作所需的各种能力中,政治能力是第一位的。有了过硬的政治能力,才能做到自觉在思想上政治上行动上同党中央保持高度一致,在任何时候任何情况下都能"不畏浮云遮望眼"、"乱云飞渡仍从容"。提高政治能力,首先要把握正确政治方向,坚持中国共产党领导和我国社会主义制度。

……

---

① 习近平:《在中央党校(国家行政学院)中青年干部培训班开班式上的讲话》,《人民日报》2020年10月11日,第1版。

提高政治能力必须对党的政治纪律和政治规矩怀有敬畏之心。要自觉加强政治历练，增强政治自制力，始终做政治上的"明白人"、"老实人"。要注重提高马克思主义理论水平，学深悟透，融会贯通，掌握辩证唯物主义和历史唯物主义，掌握贯穿其中的马克思主义立场观点方法，掌握中国化的马克思主义，做马克思主义的坚定信仰者、忠实实践者。

四、培养公民的国家观念与政治认同

长期以来，备受西方推崇的"普世价值"观念和极具迷惑性的错误社会思潮对我国主流社会意识形态建设产生了一定冲击，削弱社会民众对于"四个自信"观念的树立；这种充满侵略性的意识形态渗透，一定程度上影响了部分公民的思想和行为，形成错误的"三观"，可以说，从政治领域上影响了当前中国整体的意识形态安全。因此，必须要在宏观层面上夯实马克思主义在意识形态领域的主导地位、在中观层面上拓宽公民有序参与政治的途径和方式、在微观层面上加强社会和学校的政治认同教育等。培养公民的国家观念与政治认同，从而有效应对政治领域国家意识形态安全建设面临的挑战。

（一）夯实马克思主义在意识形态领域的主导地位

要时刻警惕马克思主义被边缘化的危险。回顾党的光荣历史，就会发现党在革命和批判年代的意识形态工作方式在特定历史年代下取得了非凡的成就。随着社会的发展，这种传统的意识形态工作方式已经无法满足新时代下公民对国家观念与政治认同的诉求，亟须增强主流意识形态的解释能力和建构能力。因此，只有充分掌握和运用马克思主义的世界观和方法论才能使社会主义主流意识形态得到广泛认同，不断应对西方敌对思潮的入侵并与其博弈。

公民自身对马克思主义信仰和信念的认同度是衡量主流意识形态建设成效的重要指标,这种认同度的前提是当前的理论具备科学性和合理性。不可否认的是,马克思主义的"本土化"是一个曲折螺旋上升的过程,只有用科学的态度继承和发展马克思主义,才能获得愈加广泛的社会认同和政治认同。当前,一些民众对马克思主义理论学习研究不够深入,未能在大脑中扎根并转化为自己的世界观和方法论,在原则性问题上态度模糊,忘却自身的责任和使命,这极易受到敌对势力和西方不良思潮入侵。因此,如果不高度重视西方意识形态长期渗透所带来的隐患,必然会阻碍我国意识形态的长期建设。因此,首先人民大众要学习掌握马克思主义最新理论成果,特别是对习近平新时代中国特色社会主义思想下大功夫,真正做到理论与实践的有机统一;其次党政部门要做好宣传工作,让人民大众在耳濡目染的氛围中通过喜闻乐见的方式提升政治信仰,同时在社会中建立良好的舆论环境;最后党和国家在意识形态领域要坚持一元指导,要旗帜鲜明反对西方所谓的"普世价值",揭露各种试图颠覆我国主流意识形态的阴谋。可以说,最广大的人民只有真正树立信仰,我们这个国家才能战胜各种艰难险阻,才能在正确的道路上越走越远,才能确保中国特色社会主义事业不断向前迈进。

(二)拓宽公民有序参与政治的途径和方式

与西方资本主义制度下的虚假民主相比,中国共产党自成立以来,始终将人民的根本利益作为一切工作的出发点和落脚点,人民当家作主是社会主义民主政治的本质和核心。"普世价值"中的"民主"是西方主流价值的核心元素,这决定了它是维护西方资本主义国家统治的思想工具，也是西方资本主义强国向其他主权国家推广西方民主的思想武器。很显然，我国社会主义民主政治与西方"普世价值"主导下的民主政治有着本质上的区别。我们要清楚认识"普世价值"对我国意识形态安全带来的多重负面影响，积极主动采取有效的应对措施来维护政治领域的国家意识形态安全。

基于历史唯物主义这样的一种历史视角来回顾我国民主政治的发展历程，就会发现，虽然从改革开放以来，中国特色社会主义在经济领域取得令世人惊叹的非凡成绩，但我国社会主义民主政治发展还需要进一步完善和发展。例如，当前我国公民政治参与的诉求与日俱增，这就需要不断扩大公民有序政治参与的途径，使民众在政治参与和实践活动中增强对马克思主义和社会主义的认同。政治参与是公民的一项政治权利，通过各层次各领域扩大公民政治参与，在发展社会主义民主政治的同时，激发公民的角色认同和对党和国家的拥护和热爱。进一步来说，人民的智慧是无穷的，人民是历史的创造者，新时代下扩大公民政治参与的方式能够为国家治理体系和治理能力现代化建设提供强大的人才支撑。只要能够充分保障广大公民有效参与政治的权利，也就抓住了上层建筑与经济基础之间的矛盾，只有充分调动和激发公民的责任担当和政治认同，我国的经济才能保持高质量发展、政治生态才能愈加健康平衡、社会环境才能愈加和谐。

（三）加强社会和学校的政治认同教育

对当代中国而言，政治认同就是对中国共产党领导的中国特色社会主义的认同，即对中国共产党领导地位的认同、中国特色社会主义道路的认同、中国特色社会主义制度的认同以及中国特色社会主义理论体系的认同。最基本的就是对中国特色社会主义的认同。当下，党的建设面临"四大危险""四大考验"的严峻局势,加强宣传思想工作历来是党工作的优势所在,也是应对意识层面严峻形势的重要法宝。社会和学校是主流意识形态传播极其重要的教育场域,加强政治认同教育意义重大,能够助力全国各族人民团结一致,凝聚人心,集聚力量,真正维护国家意识形态安全。

一方面要加强社会政治认同教育。习近平指出:"一种价值观要真正发挥作用,必须融入社会生活,让人们在实践中感知它、领悟它。"① 真正的思想作为时代智慧的结晶,有其大众化的诉求和必然,同时引导民众发挥主观能动性,将思想与行为真正地有机结合在一起。因此,要坚持党管媒体,确保党对新闻舆论的领导和主导,发挥人民群众在意识形态工作中的主体地位。这就需要社会各界广泛参与到意识形态工作中来,加强社会主义核心价值观教育,将意识形态观念传播到人民群众中去,让人民大众在良好的社会氛围中坚定"四个自信",为中国特色社会主义事业实践提供源源不断的动力。

另一方面要加强学校政治认同教育。大中小学生是中国特色社会主义的接班人和建设者,加强学校政治认同教育是立德树人的重要工作内容。学校教育是实现学生政治社会化的重要环节,也是学生"三观"塑造最主要的场域。全国各类高校在加强和巩固自己学术阵地的同时,要担当好主流意识形态传播主要阵地的角色,切实抓好马克思主义理论教育。就学校政治认同教育现状而言,高校还面临着马克思主义被边缘化、空泛化、标签化的问题。面对西方敌对思潮的渗透和侵犯,高校要牢牢把控马克思主义的话语权和主动权,坚持突出立德树人的办学底色。与此同时,需要建立一支强大的思想政治教育队伍,

---

① 习近平:《习近平谈治国理政》(第1卷),外文出版社2014年版,第165页。

对教师队伍的党性进行培训和管理，形成一批本领强素质硬的人才队伍，助力思想政治工作的开展，为学生牢筑信仰之基、补足精神之钙、夯实思想之魂。

❖ **知识拓展**

习近平给复旦大学青年师生党员回信勉励广大党员
在学思践悟中坚定理想信念　在奋发有为中践行初心使命①

　　回信
复旦大学《共产党宣言》展示馆党员志愿服务队全体同志：
　　来信收悉。100年前，陈望道同志翻译了首个中文全译本《共产党宣言》，为引导大批有志之士树立共产主义远大理想、投身民族解放振兴事业发挥了重要作用。
　　……
　　心有所信，方能行远。面向未来，走好新时代的长征路，我们更需要坚定理想信念、矢志拼搏奋斗。希望广大党员特别是青年党员认真学习马克思主义理论，结合学习党史、新中国史、改革开放史、社会主义发展史，在学思践悟中坚定理想信念，在奋发有为中践行初心使命，努力为实现"两个一百年"奋斗目标、实现中华民族伟大复兴的中国梦贡献智慧和力量。

习近平

2020年6月27日

---

　　① 习近平：《习近平给复旦大学青年师生党员回信勉励广大党员　在学思践悟中坚定理想信念　在奋发有为中践行初心使命》，《人民日报》2020年7月1日，第1版。

经典案例

富有成效的国家安全教育(濠江在线)[①]

4月15日是"全民国家安全教育日",一项"国家安全与我"中学生征文比赛在澳门举行颁奖仪式。

征文比赛由澳门特别行政区政府与中央人民政府驻澳门特别行政区联络办公室共同主办。主办单位表示,青少年是国家和澳门的未来和希望,正确引导澳门青少年认识祖国、了解澳门,唤起青少年的国民身份认同和公民责任极其重要。

赛事评委会介绍,今年的征文比赛,各学校的参与热情非常高。澳门35所中学的近5000名初、高中学生参加了比赛。他们在"国家安全与我"这一主题下深入思考、认真写作,充分展现了澳门青少年强烈的国家安全意识和深厚的爱国爱澳情怀,可谓一次富有成效的自我教育过程。

经过认真评审,40篇作品分别获得高中组及初中组的一、二、三等奖及优异奖。部分优秀获奖作品在同一天开幕的澳门"全民国家安全教育展"中展出。

澳门培正中学学生张靖坪的《国家之安全,吾辈应担当》获得一等奖。他说,"国家的安全与澳门息息相关。作为澳门青年应该努力读书,完善自己,成为国家及澳门的栋梁。"

澳门培正中学的带队老师表示,这次征文比赛以"国家安全与我"为主题,期望青少年从自己的视角看待总体国家安全,了解国家安全

[①] 毛磊:《富有成效的国家安全教育(濠江在线)》,《人民日报》2021年4月25日,第6版。

与其成长、成才、成功的密切关系，认识自己作为中国公民和澳门居民，对国家和澳门的应有责任，树立总体国家安全观意识。

澳门特区政府保安司司长黄少泽出席了颁奖仪式，他说，澳门回归祖国以来，在完善维护国家安全立法、体制和机制方面取得积极成效，尤其是过去几年做了大量的工作，以防范一些敌对势力对澳门的干预和渗透。未来澳门将继续完善维护国家安全的配套立法和执法机制，增强执法能力。

澳门法律工作者联合会副理事长兼副秘书长陈华强表示，宣传和推广国家安全观念，是构建国家安全法律防线的一个重要环节，"只有让每个人都根植一国之念，坚守一国之本，坚定不移地维护国家主权、安全和发展利益，才能有效地维护'一国两制'方针，推动'一国两制'澳门实践行稳致远。"

第四章

经济领域国家意识形态安全建设的挑战及应对

经济领域的意识形态是反映经济领域阶层、群体、集团的政治诉求、经济利益、道德原则和价值诉求的观念形态,是我国意识形态的重要组成部分。① 近年来随着我国经济的高速发展,我国经济领域意识形态的重要性越来越凸显出来,坚定不移地占领经济领域的意识形态阵地已经成为国家核心利益的所在。在经济全球化的背景下,我国经济领域上的思想交锋与观念碰撞越来越激烈,经济意识形态领域面临的挑战愈加严峻。在此背景下,我们必须采用稳妥有效的方针策略,加固对我国经济领域意识形态阵地的建设,以此维护我国经济发展和社会稳定大局。

一、以经济建设为中心还需要谈意识形态吗

改革开放以来,我国的经济发展水平不断迈上新的台阶,总体经济实力跃升世界前列,在全球经济发展格局中举足轻重。这是我党始终坚持以经济建设为中心所取得的突出成就,充分体现出我国的经济发展方向的正确。虽然我国在经济建设方面成绩斐然,但是我们需要清醒深刻地意识到,当前我国仍处于社会主义初级阶段,在未来的经济发展中仍将面临更多的挑战。我们对经济发展的一切政策与论断皆要立足于社会主义初级阶段这个最大实际,才能保证我国经济发展的行稳致远。经济基础是国家富强、社会和谐、人民生活幸福的根本保障。

---

① 李桂梅、张翠莲:《非公有制经济领域意识形态状况及对策研究》,《湖南省社会主义学院学报》2015 年第 6 期,第 47—51 页。

经济基础决定上层建筑，以经济建设为中心是兴国之要。在此背景下，作为一个社会主义国家，以经济建设为中心还需要谈意识形态吗？我国经济领域的意识形态安全存在哪些风险？如何推动经济领域国家意识形态安全建设？这些命题引人深思。

（一）西方新自由主义在经济领域的表现和危害

新自由主义思想诞生于 20 世纪 30 年代，是当代西方经济学理论中着重强调市场经济应当完全自由放任的理论思想。新自由主义思想推崇以自由化、市场化、私有化为特征的经济运行体系。在 20 世纪 70 年代末，新自由主义思想得到西方多数发达国家的认可，成为西方经济学的重要组成部分，并且为全球绝大多数政党所热切推崇。

新中国成立后，我国始终坚持社会主义道路，实行以公有制为主体、多种所有制经济共同发展的基本经济制度。我党在经济领域不断探索发展是为了消除贫困、改善民生、逐步实现共同富裕，最终实现共产主义的崇高理想。新自由主义以主张完全彻底的私有化为前提，将所有进行经济生活的人定义为本性自私自利的"经济人"，不断将人追求私利的自私观念放大。信奉新自由主义者将自己的阶级性普遍化为人的本性的同时，不断夸大私有制经济的作用，并诽谤攻击我国的公有制经济，尤其是针对我国的国有企业，更是极尽污蔑之能事。新自由主义思想认为人性都是自私的，社会主义制度下的国有企业发展违背了人类的本性，其生产工作的效率必然低迷。同时，新自由主义者捏造虚假事实攻击国有经济，宣称国有经济做大做强后将对民营经济形成重创。他们诽谤国有经济是国家形式的垄断，损害了国民的实际利益，长此以往，将造成国富民穷的情况。与此同时，他们不断曲解公有制经济的作用，认为公有制经济的产生将造成市场竞争的不公平，并刻意鼓吹社会主义公有制经济与现代化的市场经济无法相容的虚假观点，甚至提出只有消灭公有制经济才能建立完整的市场经济体制口号。这是典型的违背客观事实的历史唯心主义观点，对我国以社会主义公有制为主体的基本经济制度造成极大的曲解与抹黑。

新自由主义者认为国家对经济的宏观调控将降低经济发展的速度，遏制经济发展的形式。他们推崇"市场万能论"，认为国家经济应该完全市场化。他们坚信自由市场经济是最高效的经济形式，可以解决一切经济难题，使各方资源得到最佳配置，为个人谋得最多的福利，并防止严重的全面的经济危机的发生。[1] 然而，新自由主义者所鼓吹捏造的虚假观点在具体实践中却屡遭碰壁。新自由主义经济主张的完全市场化和彻底私有化，从最浅层的角度看，可以在一定程度上提高市场活力，进一步提升生产的效率。但在实际情况中，不加管束的竞争必将会引起恶性的垄断，这是无法以人的意志为转移的。不论是经济学理论还是实际的经济活动都能够证明，市场不是万能的，任何不受调控的经济活动必将会引起市场的严重失衡。以资本主义国家为例，政府缺乏对市场的调节，少数垄断性财阀获得高额利润，给国家和人民造成了深重的影响和巨大的灾难。

在现实中具有讽刺意义的是，真正在经济领域实现高速发展的西方发达国家政府从未放弃对经济的宏观调控，反而部分盲目信奉新自由主义经济的国家被搞得遍体鳞伤。历史实践证明，新自由主义是西方资本主义国家别有用心地传播的彩虹气泡，看似光鲜，实际探知便会消失破碎。新自由主义本质上是牺牲多数经济基础并不牢固的国家来成全大多数资本雄厚的国家。它的目的并不如它所鼓吹的想要达到全球的经济体都能相互成就，而是为了实现少数国家在国际资本上的

---

[1] 梅荣政：《试析新自由主义在经济上的实质和危害》，《学校党建与思想教育》2018 年第 2 期，第 4—7 页。

垄断。资本主义的世界观是一切以经济利益至上，而新自由主义代表的亦是垄断资本的力量，因而其与资本主义国家的追求基本吻合，但却与社会主义国家所追求的本质背道而驰。即便如此，中国的部分新自由主义支持者始终都没有放弃幻想，坚持鼓吹完全市场化，持续抨击政府对市场的宏观调控，甚至建议政府放弃对国有银行的管制。试想，如果一切如新自由主义者所愿，势必将造成我国经济命脉的崩裂，为垄断资本进一步入侵中国市场提供先决条件，故而，我们必须时时警惕新自由主义思想的传播与渗透。在经济领域中，正确的意识形态决定健康的经济指导思想与科学的经济发展模式，把握意识形态工作的正确方向是保障我国经济平稳运行的前提。

（二）深刻认识意识形态和经济建设间的相互作用

在社会主义现代化的建设中，历经时代变迁，无论在哪个历史阶段，意识形态和经济建设之间的关系都受到历代党和国家领导人的重视，也一直为学术界所热议。在两者之间的关系处理方面，习近平总书记曾在多次会议和工作中着重强调。他明确指示："党的中心工作是经济建设，而意识形态工作则是党的一项极为重要的工作。深刻认识意识形态和经济建设间的相互作用，科学把握两者间的关系，是党所要重视和处理的问题。"[①]

在论证意识形态和经济建设间关系的过程中，马克思、恩格斯为我们正确认识经济建设和意识形态之间的关系建立了很好的理论基础。恩格斯揭示出意识形态、经济基础二者之间的作用与反作用。恩格斯认为，意识形态对经济基础的反作用不仅是显而易见的，而且是非常重要的，只是方式不同。并且，这种反作用也绝不是任意的，而是有规

---

① 中国网，http://www.china.com.cn/opinion/theory/2018-08/17/content_59020371.htm.2018-08-7。

律的。经济发展是意识形态建设的基础,把握好经济基础和意识形态之间的关系,无论是对进一步丰富马克思主义意识形态的理论构成,还是对当今的意识形态工作引领,都具备非常重要的理论价值与现实意义。

"两手抓"即对意识形态建设和经济建设给予平等的重视。正所谓经济基础决定上层建筑,以经济建设为中心是新中国成立以来我党立足于基本国情所确立的工作思路,抓好经济建设是发展的前提,是国民维持正常生产生活的重要保障。在我国的社会发展中,应该始终贯彻"两手抓"的观念,同时真正地将这种观念贯彻到实际的工作中。政府在重视经济发展的同时,应该教化群众思想,将精神文明建设提升到与经济建设同样的重视高度。在我国全面建设社会主义现代化国家的进程中,部分单位与社会群体缺乏对意识形态工作的重视,时常忽略对人民群众思想意识的引领,同时并未将精神文明建设工作落到实处,因而单位内部出现思想状况不一、工作效率不高、团结度不够等情况,出现了各种矛盾和冲突,损害了经济单位的发展利益,对我国社会主义事业的改革和建设造成障碍。

深刻认识意识形态建设和经济建设之间的相互作用,使意识形态更好地为党和社会进行服务,就必须深刻认识到意识形态和经济建设的相互作用。我国自改革开放以来,始终坚持以经济建设为中心的发展路线,但是我党从未减弱对精神文明建设的重视程度。随着时代的发展与经济的进步,西方文化渗入我国各个领域,给我国意识形态建设带来危机与挑战,同时也对我党在新时代的意识形态建设提出新的要求。我们必须充分意识到,经济基础决定上层建筑,同时上层建筑对经济基础起到了反作用。做好意识形态工作,将是稳步提升经济发展的前提条件与必然要求。意识形态建设工作与经济建设工作处于一个互相联动、互相促进的作用关系。无论发展处于何种时期,我们都必须科学把握意识形态建设与经济建设之间的关系。既要做好中心工作，又要保证意识形态工作取得良好的进展。

(三) 跨越中等收入陷阱必须解放思想

"中等收入陷阱"是指当一个国家的人均收入达到世界中等水平后，由于不能顺利实现经济发展方式的转变，导致新的增长动力不足，最终出现经济停滞徘徊的一种状态。我国在"十三五"规划纲要中，明确将"努力跨越'中等收入陷阱'，不断开拓发展新境界"作为国家发展的重大战略规划。在以习近平同志为核心的党中央的带领下，全党全国各族人民团结一致、努力奋斗，在"十三五"时期取得了决胜全面建成小康社会的决定性成就。新时期，我国的经济发展模式由高速增长转变为高质量发展。党的十九届五中全会明确指出，我国当前面临深刻复杂的发展环境变化，当前和今后的很长一段时期，我国将处于重要战略机遇期，机遇和挑战都有新的变化。在此背景下，我们要正确认识当今时代中国经济社会的发展前景，以习近平新时代中国特色社会主义思想为引领，解放思想的同时借鉴别国先进发展经验，成功跨越"中等收入陷阱"。

当前，我国正处于跨越"中等收入陷阱"的关键时期。随着社会经济的不断发展，我国曾经得天独厚的资源经济优势对经济增长越来越难形成帮助。伴随着人口红利的逐渐消失，我国的经济发展环境对科技创新能力的要求愈加提升。立足于当前发展的现实需要，我国面临产业结构亟须调整，发展模式亟须转变，经济活力亟须提高等问题。因此，我们必须解放思想，开拓新的发展思路，增加创新手段，转变发展方式，以新发展思想来引领跨越"中等收入陷阱"。新发展理念是立足我国发展中存在的突出矛盾和问题，针对我国经济发展进入新常态提出的解决问题的方案。坚持新发展理念，可以帮助我们认识、适应并引领经济新常态发展，帮助我们成功跨越"中等收入陷阱"，实现经济社会持续健康发展。

创新是跨越"增长陷阱"的原动力，在创新中寻求发展方向，在创新中得到实际收益，拉动社会经济不断发展，是实现社会稳定运行、经济平衡发展的必要条件。在创新中兼顾协调发展，改善现有经济环境，强化经济体制改革，注重创新发展的全局性与后继。在人与自然和谐相处的大格局下，时刻把持创新发展的动力，守好协调发展的基调，走人与自然和谐共生的根本道路。在创新发展中，合理分配市场资源，防范市场风险，坚持公平正义，在发展中寻求平衡，将创造的成果真正转变成推动社会主义事业前进的不竭动力。

一般来说，要想成功跨越"中等收入陷阱"，必须解决两个根本性的问题：一是技术创新问题，二是收入分配问题。在国家经济领域的意识形态建设中，我们时刻坚持创新发展理念，深入实施创新驱动发展战略，高度重视创新在经济发展中的引领作用，全力促进从要素驱动向创新驱动转变发展，这正是解决技术创新问题的有效方案。同时，我们不断发挥社会主义意识形态在经济领域中的指导性作用，坚持合理分配收入，并着力消除收入差距对社会思潮的影响与冲击，维护社会经济环境的宏观稳定。解放思想、坚持新发展理念是在经济领域中坚定意识形态建设的重要表现，必将助力我国实现对"中等收入陷阱"的终极跨越。

❖ **相关链接**

西方新自由主义思想[①]

新自由主义经济学是相对于资产阶级古典经济学的经济自由主义

---

① 资料来源：MBA 智库百科，https://wiki.mbalib.com/wiki/2020-12-5。

讲的，它是适应当代国家垄断资本向国际垄断资本主义转变的要求而形成的一种理论思潮、思想体系和政策主张。新自由主义继承了古典自由主义经济理论，逐渐发展并最终走向极端，大力宣扬自由化、私有化、市场化。其基本特征是：

1. 私有化的所有制改革观，主张公有制经济退出市场，同时应该将公有资产转卖给私人，认为私有制是人们"能够以个人的身份来决定我们要做的事情"。

2. 多要素创造价值的分配观，否定？创造新价值和私有制具有经济剥削性质，认为贫富两极分化是高效率的前提和社会发展的正常现象。

3. 反对任何形式的国家干预，认为市场调控是万能的，把国家在经济市场的作用仅限于"守夜人"，反对国家对于经济的任何调控。

4. 主张一切产业都无须保护，应实行外向型的出口导向战略。

二、社会主义市场经济下的价值观危机

社会主义市场经济相对于传统的计划经济对个人经济利益的限制更少，社会市场经济具有更大的灵活性，能够充分释放市场主体的个性与价值追求。然而市场经济是一把双刃剑，其发展具有一定的盲目性。随着社会主义市场经济的蓬勃发展，原有的社会关系发生明显变化，使得社会主义主流价值观受到冲击与挑战。在社会主义市场经济的体制下，利益主体的多元化与人们思想意识、文化水平以及个人发展的差异，形成了社会成员不同的价值目标和利益追求，社会主义市场经济下的价值观危机随之产生。

（一）集体主义价值观和个人主义价值观的冲突

集体主义价值观是当代社会倡导的主流价值观，它是在五千年中

国优秀传统文化中提炼形成的一种意识，久经时代的磨砺与考验，为绝大多数社会成员所信从，代表着国人高尚的价值追求和取向。在文化全球化的发展趋势下，不同的国家与民族之间在加强经济的广泛联系的同时，意识形态和价值观念也在不断地交汇与碰撞、对立与排斥、吸取与融合。集体主义价值观作为一种基本的道德原则，在我国进行伟大的社会主义革命征程中发挥着关键性作用。然而，随着我国社会主义市场经济的逐渐深入，人们对于经济利益的渴望与向往程度逐渐加深。在这种形势下，集体主义价值观和个人主义价值观产生了不可避免的冲突。①

  中国共产党自成立伊始便确立了全心全意为人民服务的根本宗旨，一切为了人民是我党一贯遵从的原则与信条。正是在党为人民谋福祉的目标中，体现出党在国家和民族中的核心凝聚力，这是我党于国家层面上践行社会主义集体价值观的重要体现。然而随着时代的发展，集体主义价值观却受到来自各方面的质疑与挑战。随着西方新自由主义经济思想的渗透，我们在当代的社会生产与生活中经常会将自己内化为"经济人"。在进行一切行为之前，会盘算计较自身的利益得失，并在一定程度上出现了一些"价值困境"。遇事为自身考虑是人之常情，但是过分计较个人得失便容易使自己陷入以自我为中心的极端个人主义行列。历史是由人民创造的，个人在历史发展中所起到的作用始终是有限的，当代社会经济发展亦是靠全体社会成员共同努力推动的。在社会主义制度下，个人利益与集体利益本质上是一致的，而不应该相互对立的。在社会生活中，个人利益应当得到尊重与重视，但是集体利益是国家与全体人民的共同利益，任何时候都不容侵犯。

  从长远的角度来看，我们应当树立科学的价值观，学会正确处理

---

① 马永庆：《集体主义话语权的重构》，《道德与文明》2016 年第 4 期，第 106—113 页。

集体利益与个人利益之间的矛盾。当个人利益与集体利益发生碰撞时应当充分考虑集体利益，顾全大局。当个人的利益与人民群众的利益发生冲突时，要以不损害广大人民群众的根本利益为前提，注重调和自身利益与人民群众利益的冲突矛盾，时刻坚持以人民利益为中心。当个人利益与其他社会个体的利益相冲突时，要秉承公平公正的原则去解决矛盾，充分尊重对方的利益诉求，在两不相损的基础上切实解决冲突，化解矛盾。当个人的利益与社会、集体和其他社会个体利益皆不存在冲突时，要将集体、群众、个体的选择有机结合作为自己处理事情的标准，实现多方面的和谐统一。

（二）警惕消费主义经济理念的陷阱

消费主义，是指对自身经济水平不加考虑衡量，一味追求自身消费欲望的满足与物质生活的享受，并将其作为自己生活的目标与价值追求的思想主张。随着我国经济水平的不断提升与发展，我们将不可避免地面临来自消费主义的威胁与挑战。新消费习惯的形成，为我们的生活打开了更加广阔的空间。近年来，我国消费市场上多种支付方式并行，为消费主义的盛行提供了支付手段上的便利。同时，线上与线下的商品价格逐渐持平，支付方式的简易使现行的线上消费蔚然成风，无数的年轻人对此类消费方式驾轻就熟，消费的维度不断拓展，空间得到极大延伸，因而消费主义逐渐控制了许多人的消费理念。

随着生产力的高速发展，现代商品市场的生产与销售的效率日益加快，与此同时，资本市场上不断引入刺激消费的意识形态，以帮助商品尽快倾销，满足资本扩大再生产的目的。在产业资本与商品资本市场不断刺激消费者消费的同时，金融市场亦开始攻占消费者消费心理。金融市场上推出各类借贷业务，不断提升消费者的信用额度，让消费者过度透支未来的钱为当下的欲望买单。商品市场上的商家在疯狂鼓励人们消费的同时，金融市场上的资本控制者提供透支消费的方式，二者可谓相辅相成。在此背景下，当代消费者群体中滋生了负债消费的现象。针对这种情况，金融市场上的资本家推出诸多种类的金融借贷工具，为消费主义提供金钱上的便利，极尽所能地支持消费者进行透支性消费。此种消费模式从表层来看，金融放贷者与消费者二者各取所需，各得所愿，金融放贷者的闲置资金可以获得再收益，消费者可以获得资金支持满足自己的消费需求，并且占尽便宜享尽优惠。实际上，消费者此时已经落入了消费主义经济理念的陷阱之中，通过负债消费获得的不过是一种虚假欲望的满足，得到的是深陷消费泥淖难以抽身的处境，是对未来幸福生活的透支。所谓的消费主义不过是资本主义为了追求自身经济利益发展而面向大众所营造的虚幻片面的生活理念，人的生活理念一旦为消费主义经济所浸染，真切的现实生活需求亦会完全被消费欲望所替换，人们的生活必将深陷消费主义经济理念所构筑的陷阱之中，只顾眼前的欲望满足，而失去对未来美好生活的向往追求，最终悔恨终生。

我国改革开放以来，国民生活水平不断提高，财富积累不断加大，但尚未完全形成与经济发展相适合的财富观念与消费思想。随着人民的物质生活水平的极大提高，部分人群没有树立起正确的财富观念，不可避免地产生了暴富者心态，"月光""剁手"等消费新词应运而出。我国的年轻人接受新鲜事物素来轻车熟路，但是理性成熟的人生观还未能牢固树立，很容易被一些不良社会风气侵蚀，将高消费与自己脑海中幻想的美好生活联系起来。一些不良商家更是无所不用其极，竭力打造消费空间与机会，大肆宣传"双十一""520"等人造节日，并在具体的宣扬中偷换概念，将消费与现代年轻人的爱情观联系在一起，传达一种"为爱人消费才是表达爱情的唯一方式"的错误理念，误导年轻人用物质来衡量爱情，用过度消费来展现生活的富足。在此种情况下,"月光族""负翁"在当代青年群体中占据重要基数。不计后果的超前消费、透支消费使涉世未深的年轻人屡屡陷入被高利贷、暴力催讨的险境,毁掉了本应光明的前途。过早堆积的各类债务,不只使青年人的现实生活难以为继,更是对未来人生价值的过早透支,其状况令人十分担忧。

家有余粮,心中不慌。一定的经济储备是生活的保证。年轻人在消费主义盛行的时代,要摆脱消费主义陷阱的裹挟,要不断充实自己的知识储备,树立正确理性的消费观。要清醒认识到所有的物质财富都是通过付出辛勤劳动获得的,更不能只见人前显贵,不见人后受罪。同时要担负起相应的社会责任,坚决抵制各类消费主义宣传的不良观念,营造积极向上的社会氛围。

(三)诚信观念缺失冲击社会道德底线

自改革开放以来,我国经济发展速度不断提升,但同时也存在一些社会矛盾和问题。其中,诚信观念的缺失便是重要体现,诚信缺失的行为严重扰乱了我国市场经济秩序,给我国经济社会带来了十分消极的影响。在市场经济的范围内,诚信的主体指的就是企业组织、管理投资者和经营者与消费者。随着社会的不断发展,计划经济被市场经济所取代。部分企业与个人片面追逐自身利益的最大化,在市场经济交易中严重违反诚信原则,出现了各种欺诈行为。诚信俨然已成为我国市场经济中最稀缺的资源之一,诚信问题已成为我国在社会经济发展中的痛点。

近年来,在我国经济市场上一度出现企业偷税漏税、诈骗国家补助、肆意撕毁合同、违规贷款等现象。这些失信行为不仅严重损害了企业的形象,同时也直接损害了国家的利益。在市场经济中,部分商家为了引诱消费者,通过电视、网络等新闻媒体散布虚假广告,造成了许多消费者上当受骗。这些在商品交易中价格虚假的不当行为严重干扰了社会主义市场经济的运营秩序，最终损害人民利益。"毒奶粉""地沟油""假疫苗"等制假售假的事件频发，这一系列诚信缺失事件对我国国民造成重大的健康危害与心理创伤，这意味着在我国的市场经济领域中许多人为了追求利益已经丧失了最起码的道德底线，可谓社会道德领域上的"人间失格"。这一系列触目惊心的真实事件说明了当代社会诚信观念正面临着前所未有的危机与挑战。此外，诚信观念缺失不仅在经济领域造成恶劣影响，同时还蔓延至其他领域，直接影响了社会风气的清正。企业与企业之间、商家与消费者之间因为诚信危机而难以相互信任。

在我国传统社会中，诚信是人与人之间的品格信任，它是以双方的人格和信誉做担保，并不强求落实在书面的契约。在当代社会，市场经济造就了人们一切向钱看，追求个人的利益和物欲，人们的诚信观发生了转变，传统的诚信自律受到冲击，而符合市场经济的新型诚信理念尚未建立。因此，在市场经济中，诚信需要法律与契约的外在约束。然而，即使有法律的约束，但人们在市场经济中盲目追求利益最大化，致使社会出现诚信缺失现象屡见不鲜。随着我国社会的不断发展，现如今我国的市场经济已进入了关键的转型期。在此背景下，我国市场经济中新旧诚信观念发生碰撞，人们追求自身利益的最大化与恪守诚信的思想激烈交锋，最终使诚信问题成为我国市场经济的不稳定因素，道德滑坡的现象屡屡出现。

在社会主义市场经济的建设中，我们始终坚持国家对经济的宏观调控，坚持党对国家经济工作的绝对领导。我国社会主义市场经济体制本质特征即是社会主义基本制度与市场经济相结合。立足于中国的发展实际，正是坚持党在经济领域意识形态的指导，才有了国家经济的宏观稳定。我们在参与市场经济活动时，也应该秉承正确的价值理念，恪守诚信观念，坚守社会主义市场经济领域中的道德准则。在我们的日常生活中，我们也应时刻警惕西方不良意识形态的传播以及消费主义理念对我们的侵蚀，坚守社会主义核心价值观。不论是对国家宏观经济发展，还是在我们的日常生活，维护好经济领域的意识形态安全都具有至关重要的意义。

❖ 知识链接

消费主义，是西方发达国家普遍流行的一种社会道德现象，是指导和调节人们在消费方面的行动和关系的原则、思想、愿望、情绪及相应的实践的总称。社会大多数人的多数行为是追求体面的消费，渴求无节制的物质享受和消遣，并把这些当作生活的目标和人生的价值。

从文化研究观点，消费主义被视为是一种获得愉悦的活动形式。消费一词可追溯至14世纪，意同挥霍、用尽。到了19世纪中期，伴随"消费者"一词替代原来的个体化的"顾客"，"消费者"已转化成中性词，用来指涉相对于"生产者"的抽象实体。而到了20世纪，这种抽象的用法进入日常的生活领域，成为大众的代称，且具有支配性的意涵，大众的需求是由满足他们需求的一方所创造的。因此，消费主义在后现代语境中，不再指涉过度购买行为。

三、坚持新发展理念，推动经济持续健康发展

当一个国家步入中等收入水平，所引起的社会转型是全方位的，其一是经济持续的高速发展，逐渐步入发达国家行列，其二则是出现较为悬殊的贫富差异，并随之产生资源枯竭、环境恶化等综合性社会问题，导致经济发展脚步放缓乃至停滞，后者即是步入"中等收入陷

阱"。在我国经济的现代化转型过程中，发展和秩序之间存在着深刻的矛盾和张力。

（一）坚持创新发展理念，为社会经济发展提供持续动力

坚持创新发展理念是我国发展中国特色社会主义的重要方略，在党的十九届五中全会上，首次将创新确立为核心地位，更显创新发展理念之意义深刻。当前的国际形势波谲云诡，美国为应对中国的崛起而对中国施行了系列的经济制裁，中美贸易摩擦频发。与此同时，美国在核心科技领域对中国实施封锁，禁止向中国出口芯片等核心科技产品。为了解决核心科技卡脖子的问题，我们必须将创新发展理念贯彻到具体的行动中。在过去几十年的发展中，中国的制造能力不断提升，如今已成为世界上首屈一指的制造业强国，中国制造的名声已经享誉海外。然而，如何将中国制造变为中国创造却成为我们当下亟须解决的问题，创新发展理念为我们将来的具体实践提供了重要的理论指导。

自改革开放以来，中国的经济实力不断跃升，然而在发展过程中仍存在不平衡不充分的问题。为解决系列发展难题，我们坚定施行全面深化改革，破除在发展中面临的结构性难题。在全面深化改革的征程中，更需要创新发展的智慧加持，才能实现发展质量效益不断提升，人民生活水平日益提高。创新发展是当前的时代话题，是中国发展的必由之路。从前，我国在经历的系列发展难题上取得了关键性突破，其中很重要的一个原因就是坚持贯彻创新发展理念，也可以说，新发展理念为世界经济发展提供了中国智慧和中国方案。[①] 为了追求更加优越的物质条件、更美好的生活环境，我们亟须在前进的道路中寻求新

---

① 光明网，http://theory.gmw.cn/2019-01/24/content_32402607.htm.2019-01-24。

的发展方向。与增长迅速的社会需求相比，在某些领域我国的生产力水平仍然落后，与发达国家相比存在明显短板。例如在社会福利与医疗保障等问题上，都存在较大的上升空间。通过某些领域的改革创新，使人民的物质文化生活更加幸福美好。

创新是发展的动力源泉，是我国科教兴国战略与人才强国战略的重要支撑。发展新兴科学技术，培育创新型人才，将创新发展置于核心地位，最大限度地释放创新活力，使创新成果更快转化为现实生产力已成为现实发展的迫切需求。在"大众创业、万众创新"的发展环境下，让科技创新与我国的制度创新相互协调、相互促进，切实将党中央关于创新发展的要求落到实处，为实现建设社会主义现代化建设提供不竭的动力。

（二）坚持协调发展理念，深入推动区域经济均衡发展

当今中国面临的发展形势较为复杂，放眼外部环境，反华势力畏惧中国崛起而在国际舆情、政治外交以及经济发展等方面屡屡压制中国。聚焦内部环境，我国经历了四十年的经济高速增长，经济发展取得显著成就的同时，也存在诸多的矛盾与问题。处理这样的复杂形势，就需要我党运用协调发展的智慧，中和调节各方面的冲突与矛盾，统筹兼顾各方面发展，协调处理各方面关系，在实践中扬长避短、内外兼修，努力推动东西南北中协调发展的新局面。

回顾我国自改革开放以来的奋斗历程，可以发现协调发展的理念在政治建设、经济建设等许多方面发挥了重要作用，我国诸多重要的战略皆是依据这一发展理念所制定的。例如我国在处理民族关系的问题上，对各少数民族均出台照顾性政策，对各民族自治区的治理与发展皆有不同程度的扶持，始终在推动各民族的协调发展。近些年，我国北方地区的经济发展状况始终落后于东南地区并且差距愈加明显，

尤其是东北地区与西北地区，面临经济增速放缓、产业结构失调、人口持续外流等困局。在此形势下，我党秉承全国各地区协调发展的理念，施行西部大开发战略与振兴东北老工业基地战略，将东南方经济发达省份与北方各省建立对口帮扶关系，充分发挥各地区的优势与积极性，以传、帮、带的形式推动经济落后的地区不断向前追赶，赋予其全新的增长动力。坚持协调发展是能够实现把握规律能力的科学之举。

习近平总书记指出："发展必须是遵循经济规律的科学发展，必须是遵循自然规律的可持续发展，必须是遵循社会规律的包容性发展。"① 中国拥有九百六十万平方公里的国土面积与14亿人口，是当今世界第二大经济体。对我国这样一个庞大的有机体而言，其运行与发展更需要坚持统筹兼顾、综合平衡的智慧。在过去的几十年里，我国经济水平与国家综合实力不断提升，但仍存在发展不平衡不充分的难题，如果不能解决这些难题，我们建设社会主义现代化强国的征程必将举步维艰。我国在过去的经济发展过程中呈现出的发展不平衡不充分、经济结构不协调、创新性产业不足、能源日渐枯竭以及产能过剩等问题皆是我国在发展中未能遵循协调发展理念所引发的后果。在未来的发展中，我们要把握一定的科学发展规律，不要走过去粗放式发展的老路，要提高发展的平衡性与协调性，如此方可取得社会主义现代化建设的全面胜利。

（三）坚持绿色发展理念，开拓人与自然和谐的生态经济

绿色是健康生态的标志色，绿色发展是健康经济发展的必然。绿色是象征人与生态环境和谐发展的亮色，亦是实现可持续发展的

---

① 新华网，http://www.xinhuanet.com//politics/2014-07/08/c_1111518411.htm.2014-07-08。

必然要求。坚持绿色发展是守护好一片绿水青山的理念指导，是实现我国生态文明建设的根本要求，坚持绿色发展能为我国的经济发展提供源源不断的后劲。坚持绿色发展理念即是为了我国社会经济发展积蓄未来发展的原动力，将绿色收益化作经济增长，实现科学永续的发展。

一个国家或地区城市发展的初始阶段，都会经历粗放式发展的历程。在工业化与城市化给社会经济发展带来巨大的经济引力的同时，也会造成不同程度的生态破坏，例如环境污染、资源枯竭等一系列生态安全问题。我国亦显现出类似的趋势，我国工业化的高速发展曾经对生态环境造成了不同程度的破坏。当下我国的经济发展模式已经逐渐从粗放型向集约型转变过渡。绿色发展理念为我国生态文明建设和发展模式转变提供了根本遵循，为新时代的发展确立重要方向。

坚持绿色发展理念的重点，可以用五个关键词来概括，即节约、保护、利用、循环、建设。如今的发展理念决定了未来的实践路径，影响着当今的形势变迁。第一是降低能耗、物耗，推动能源生产革命，着力解决资源环境承载力的难题；第二是保护我国自然生态资源环境；第三是利用现有的生态治理技术，对过去造成的污染问题进行系统科学的治理，对生态系统进行全方位的修复，尽可能消除过去造成的环境创伤；第四是实现经济的绿色循环，科学的经济发展规划应是长远的，将绿色循环理念注入现有的经济模式之内，创造循环永续的经济价值是我们应对新经济形势的科学手段；第五是建设环境节约型、资源友好型社会是我们的最终发展目标。

理念是一切行动的先导，绿色发展理念是党在中国特色社会主义建设过程中对科学发展规律的透视，是对全球生态安全治理的谨慎思考，是对我国生态环境面临的突出问题的有效应对。习近平总书记指出："正确处理经济发展和生态环境保护的关系，像保护眼睛一样保护生态环境，像对待生命一样对待生态环境。"①绿色发展理念的贯彻不能单一依靠国家督促，而是需要我们全体社会成员去共同努力，把握时代机遇，将绿色发展理念贯彻在具体行动中，走绿色发展之路，最终实现社会主义美丽中国的建设。

（四）坚持开放发展理念，着力解决发展的内外联动问题

开放发展理念的核心是解决内外联动的问题。在当今经济全球化不断深入发展的局势中，机遇与风险并存。但是我们不能故步自封，将自己隔绝于国门之内，这样即使规避了来自外部的风险，却同时阻挡了与世界的联动互通。追溯历史，中国真正与西方国家拉开差距的最主要原因便是清政府的闭关锁国，封建统治者自绝视听的举措直接导致了我国落后西方国家百余年的发展。关上国门，不仅阻挡了门外的风雨，同时也隔绝了阳光与雨露，对国家自身的进步与发展极其不利。自党的十一届三中全会以来，对外开放战略成为我国一项基本国策。自此之后，我国以开放的格局与心态面对世界，顺应世界发展潮流，吸取发达国家的发展经验，实现了从封闭到半封闭再到完全开放的历史转变。开放发展理念为提高我国对外开放的质量和发展的内外联动性提供了行动指南，必将进一步拓展实现"两个一百年"奋斗目标的发展道路，进一步拓展实现中华民族伟大复兴中国梦的发展空间，也将进一步拓展世界经济发展空间。②

开放发展理念的提出意味着我们向全世界宣告，中国开放的大门永远面向世界各国敞开。开放发展理念既体现了我们主动开放的意愿，同时亦包含了双向开放的意蕴，即我们愿意融入世界的同时亦欢迎其

---

① 光明网，https://theory.gmw.cn/2018-05-30/content_29041184.htm.2018-05-30。
② 人民网，http://opinion.people.com.cn/n1/2015/1223/c1003-27963150.html.2015-12-23。

他国家与我们平等交流、互惠互利、共享资源。开放发展理念以公平开放与全面开放为具体要求,以实现共赢开放为最终目的。"一带一路"的建设正是我们开放发展理念的重要体现。随着我国经济发展逐渐步入新常态,机遇与挑战皆向我们袭来。在经济新常态时期,我国的经济增长速率、经济核心动能以及经济增长形式皆发生变化。践行对外开放,寻求海外优良的投资市场是我们创造新经济增长极的重要途径。

当前世界经济局势复杂,新冠肺炎疫情的来袭使全球经济环境普遍萎靡。疫情的冲击不仅使人类生命健康面临危险,更使世界各国的经济体系受到重创。在此形势下,我国依旧不愿放弃对外开放战略,提出以国内大循环为主体,国内国际双循环的经济发展战略。一方面将经济重心转移到国内,另一方面仍坚持与国际实现经济外循环。同时,在此次新冠肺炎疫情的防控中,我国依然表现出开放合作的姿态,主动派遣医疗团队支援多个国家,将本国的抗疫经验向世界开放,体现出公正公开、负责任的大国形象。这一切皆是向世界展示中国的开放是真诚的、长久的。今天的中国,已经紧紧地与世界拥抱融合为一体,中国的发展和世界的发展将呈现相互促进、相互影响、相互包容的趋势。中国的对外开放发展,不仅为本国创造巨大的经济利益,更是为人类命运共同体的建设贡献了光芒与力量。

(五)坚持共享发展理念,强力保障市场经济的公平公正

党的十八届五中全会对共享发展理念做出重点强调:"必须坚持发展为了人民、发展依靠人民、发展成果由人民共享,使全体人民在共建共享发展中有更多获得感。"① 在时代发展中,我们应该牢牢把握共享发展理念,开拓更广阔的发展格局,深刻领会共享理念所蕴含的发展

---

① 人民网,http://theory.people.com.cn/n1/2020/0413/c40531-31670642.html.2020-04-13。

智慧，时刻遵循共享理念所包含的实践要求，将共享理念自觉落实到全面建设社会主义现代化国家的具体行动中。

从国家发展来看，共享发展理念中包含着"发展机会人人共有"的思想，坚持共享发展理念即可保障市场经济竞争中的公平公正。在共享发展的理念中，人人皆有机会参与社会主义经济建设，坚持机会公平、付出公平、回报公平的原则和底线。全体社会成员共同享有改革发展的成果，这是社会主义的本质要求。坚持共享理念是实现共同富裕的理念保障，是我们党在执政时坚持以人民为中心的重要体现，亦是保证中国未来经济不断向前发展的前提条件。从外部发展环境来看，当今世界已经进入经济全球化的发展时代。在经济全球化的背景下，任何国家都不可能独自依靠本国力量实现崛起，在开放发展的经济时代故步自封无异于自取灭亡。我们的共享发展理念正是对我国对外开放，积极参与世界经济大循环的核心诠释。自党的十八大以来，我们以更高的站位、更亲和的姿态、更加开放的胸怀面向世界，坚持世界各国合作共享，共享发展机会，共享战略资源，"一带一路"的宏伟规划正是我们坚持共享发展理念最有力的证明。我们在建设社会主义社会时，将"共享"发展理念作为社会主义内在要求的坚持和强调。我们在参与世界经济运行时，共享发展理念亦是我们坚定的理念支撑。

公平公正是马克思主义思想的基本价值理念，我们在建设社会主义现代化强国的进程中，必须坚持马克思主义公平公正的价值理念，以此来保证社会主义市场经济的平稳运行，促进社会的和谐发展。共享发展是以"人人参与，人人享有"为核心的社会主义发展理念，体现了马克思主义公平公正的价值理念，亦是我党"立党为公、执政为民"的根本要求。在共享发展的理念坚持下，我们要坚守底线，坚守公平公正，真正实现发展机会人人均等、发展成果人人享有的美好发展局面。社会主义发展的本质在于人的发展，人民主体性思想是我们党一贯坚持的重要理念，也是贯穿共产主义始终的价值理念。只有坚持在发展中共享，才能使社会主义建设的伟大成果惠及每一个人，才能真正实现社会主义市场经济的公平正义。

创新、协调、绿色、开放、共享等五大发展理念，是我国在经济领域中进行意识形态建设的重要依托。新发展理念既是我国意识形态建设所取得的重要成就，亦是党中央针对跨越"中等收入陷阱"开出的药方。坚持新发展理念，将之贯彻于具体行动之中，切实解决发展过程中的内外联动问题，保障社会主义市场经济的平稳运行。在深入推动区域经济发展的同时，开拓人与自然和谐的生态经济，为社会经济发展提供持续动力。在新发展理念的引领下，我国的经济未来必将走上高质量健康发展之路。

四、社会主义市场经济下价值观危机的化解路径

在社会主义市场经济的影响下，人们的价值观念相互碰撞冲突，没有普遍形成主流价值观。其中，集体主义价值观与个人利益价值观的冲突、消费主义理念的盛行与诚信观念的缺失皆是社会主义市场经济下价值观危机的具体表现。价值观的匡正不能局限在认识论的范围，不能把价值观当作一种简单的道德认知来解决，而是要立足于意识形态的建设，引导人们树立正确的价值观，以此来促进社会主义现代化建设的行稳致远。

（一）坚持集体主义原则，树立正确的利益观

在我国，市场经济作为一种经济手段，蕴含着竞争、自主、效率等内涵，市场经济总是依托于人和人之间的利益关系而存在的。在当今的社会主义市场经济条件下，因为生产力并没有达到完全解放的程度，

社会上生产的物质资料并不能完全满足人们的需求,所以利益间的差异性造成人们不可避免的纠纷。为了取得在市场竞争中的胜利,为了追求实现自身利益的最大化,一部分人会采取极端的手段来扰乱市场秩序,甚至不惜牺牲集体利益来换取个人利益。集体主义价值观就是在这样的情况下屡屡遭到破坏,丧失对全体社会成员的指导性功能。

集体主义深刻影响社会生活的方方面面。在当前的社会生活中,人们的价值取向面临空前的冲击与挑战。在面临利益抉择时,以个人利益为先还是以集体利益为主始终是人们纠结困惑的所在。在中国的优良传统文化中,"先天下之忧而忧,后天下之乐而乐"的价值理念在民间广为流传。集体主义即是在国家利益与个人利益相冲突时所表现的爱国精神,即是个人利益与多数人利益相冲突时所表现的无私精神,即是个人利益与他人利益相冲突时所表现的利他精神。集体主义价值观拥有国家、社会以及个人的三重维度,集体主义于国家层面体现其爱国主义精神内核,于社会层面体现其公平正义的价值导向,于个人层面体现其道德高尚。在历史长河的发展中,集体主义价值观曾有无数的先贤诠释其内涵的深沉与伟大。因此,我们要在继承马克思主义集体主义价值观的基础上,深度挖掘中华民族传统文化中集体主义内含的价值意蕴,坚定不移地倡导"人类命运共同体"思想的集体主义精神,最终为弘扬集体主义价值观,提升马克思主义集体主义观的时代价值创造条件。[1]

树立正确的利益观,首先,我们要清醒地认知到眼前的利益与长远的利益并非是对立的关系,而应是相互联动相互促进的关系。我们既要把握眼前的利益,也要兼顾未来的发展利益,不可在生活中因为个人的一时短视,而失去了对长远利益的把握。其次,每一个人都是

---

[1] 党文阁:《马克思主义集体主义观研究》,博士学位论文,华中科技大学,2019年,第13页。

独立的社会个体，都拥有自己的想法观念与价值追求。每个人在生活中都既有物质方面又有精神方面的需求。一味追求物质享受的人，其精神必将空虚，个人意志也将愈加萎靡。最后，我们要学会衡量个人利益与集体利益的关系。在物质与精神高度文明的社会中，每个人的个人利益都应当受到尊重与保护。但是，集体利益是实现个人利益的载体和基础，如果集体利益受到损害，那么个人利益亦无法得到长久维护。所以，当个人利益与集体利益发生冲突时，我们都应当做出正确选择，坚决不以牺牲集体利益为代价来获取个人利益，以此来推动社会的和谐发展。

（二）理性应对消费主义，探寻自身真实需求

当下，消费主义在生活中的具体表现为过度消费、享乐消费与负债消费三个方面。当代青年之间为了彰显其个人经济条件，有时会通过十分奢侈的消费方式来展现自己与他人的与众不同，以此来提升自己的个人优越感。抑或是为了宣泄自己内心的情感，而进行冲动式消费，来满足自己内心的空虚。面对日常工作生活的态度消沉，为了满足自身享乐的目的去消费。在自身经济实力不能满足消费愿望时，便采取负债消费的方式，透支自己的青春与未来，长此以往必将造成世界观、人生观与价值观的扭曲，影响国家和社会的发展。

消费主义导致当代青年滋养出许多的不良习惯。一方面，当代青年受消费主义理念的影响，其对待生活的理性态度逐渐被消磨殆尽。中华优良传统文化中所提倡的"俭以养德"理念在当代青年群体中受到排斥，取而代之的是无节制的盲目消费。部分青年群体被现代广告媒体编织的美好假象迷惑，陷入过度消费的陷阱，难以自拔，最终在奢靡与享乐中虚度年华。另一方面，在消费主义理念的引导下，部分青年逐渐形成了"钱可以解决一切"的观念，成为金钱万能论的推崇者。

在生活中，逐渐丧失奋斗的意志与热情，选择通过经济手段来应对学习生活中的困难与挑战，诸如雇佣他人帮助自己完成学业，雇佣他人代替自己参加考试，使本该通过自身艰苦努力完成的任务演变成一场经济交易，看似解决了问题，实则是对责任的逃避。在消费主义理念的引领下，部分当代青年不但会陷入过度消费的怪圈，甚至会在生活中丧失应有的斗志，逐渐成为玩物丧志、道德滑坡的人。

消费主义理念对于当代青年价值观的危害是不容忽视的。当代消费主义理念可以借助新闻媒体等多种手段渗透入我们的生活，进而对当代青年产生不良影响。在此背景下，我们要坚决抵制消费主义的不良影响，用科学的理念武装自己，认清消费主义理念蕴含的本质，抵消这种不良社会思潮造成的消极影响。同时，在日常生活中积极倡导马克思主义实践理性消费观，以此来作为自己的消费理念。马克思主义实践消费观既没有类似于禁欲主义一般禁锢消费者的思想与欲望，也不像消费主义一般迷惑麻痹消费者的心理，无节制地释放消费者的欲望。马克思主义实践消费观是一种中性的，立足于生活实际的理性消费观，既让消费者满足实际内心需求，又能给消费者带来积极的影响，规范消费者的消费行为。当代青年群体应当在现实生活的具体行为中贯彻马克思主义实践消费观，实现自身全面健康自由的发展。

（三）树立诚实守信观念，规范市场经济行为

在当今的社会主义市场经济的运行中，规则意识至关重要。市场经济中的规则意识，一方面体现在对国家基本经济制度的遵循、对国家经济政策的合理利用以及对法律法规的严格遵守；另一方面则体现在经济主体之间彼此信服的道德意识，诚信观念正是这种道德意识的重要表现形式。与其他理念践行方式不同的是，诚信观念往往重在自我约束。众所周知，如今的市场经济遵循信用为先的规则，任何形式的

经济交易无法脱离诚信观念的约束,诚信是考量一个商人、一个企业乃至一个经济体形象的重要标准。诚信观念与市场经济效率二者之间的关系是辩证统一的,树立诚实守信的观念将促进市场经济良性发展,有利于创造高效、安全的经济模式。反之,违背诚实守信观念必将导致经济市场呈现亚健康状态,隐患丛生。故而,树立诚实守信观念是维护市场经济健康运行的重要保证。

在经济交易过程中,交易双方会签订一份约束彼此的契约,这种有形的契约我们称之为合同,而这种有形契约的背后还有一种无形的契约,即是诚实守信观念的约束。市场经济的交易过程中,双方须恪守等价交易原则,即各自交易的筹码皆能赢得双方的认同,那么诚信观念即是维护这种等价交易原则的基石。当今社会,对个人诚信的重视已经达到了相当的高度,诚信缺失的经济人在信贷市场上寸步难行。对企业来讲,缺失信用的企业在交易市场上亦会步履维艰。在当今经济全球化的背景下,跨国贸易已占据市场交易的重要地位,在国际贸易中,诚实守信对维护国家经济形象至关重要,是我国在未来的国际竞争中取胜的重要保障。故而,不论是个人、企业乃至国家,皆需对诚信观念抱持足够的重视。当前的时代发展亟须我们树立诚实守信观念,提升经济道德水平,以此夯实社会主义市场经济的基础,构建诚实守信的经济环境。

在我们当今所处的社会环境中,全面深化改革与社会急剧转型相互碰撞叠加,人与人之间的社会关系趋向多元化,社会发展的矛盾与机遇并存,人们的价值取向亦随之呈现多元化的趋势。然而,诚信观念是一切价值观念的基础。诚信观念可以创造规范合理的社会秩序,可以保证健康有序的社会经济活动,可以影响每一个社会个体的道德品质塑造。坚守诚信观念是对社会主义核心价值观的坚定弘扬,是对主流意识形态的认同与向往,是发展社会主义先进文化的现实需要。社会环境的风清气正需要社会主义核心价值观的支撑，需要全体社会成员对诚信观念恪遵不移的践行。社会环境的和谐发展将有利于市场经济的健康运行，社会成员之间的和谐相处亦将减少彼此之间的利益纷争，有助于实现经济交易中的互惠共赢。故而，树立诚实守信观念是对社会经济协调发展的有力促进。

道德品质的教育和道德观念的规范是一个民族振兴和发展的基础，在经济发展的过程中若不能有效地践行诚信理念，亦难以保障经济健康持续地运行。"富强、民主、文明、和谐、美丽"的价值目标，皆需依靠诚信这一基本的道德理念去实现。当前的中国正处于"十四五"规划的开局之年，我们的党正肩负着实现中华民族伟大复兴的历史使命，在改革与发展中，我们更需要拥有高瞻远瞩的目光，秉承诚实守信的理念，在建设社会主义现代化强国的宏伟征程中愈加稳健。

经典案例

新自由主义思想在世界各国的发展纪实

20世纪90年代新自由主义思想在拉美国家广泛流行，当时的拉美国家普遍经历了20世纪80年代的经济危机，拉美各国正在尝试将经济模式由政府调节为主导转为以市场调节为主导，新自由主义思想的传播无疑为拉美国家带来选择。以阿根廷、墨西哥、玻利维亚等国为代表的大部分国家，将新自由主义经济思想视为扭转本国经济困局的良方。

其中，墨西哥成为最早奉行新自由主义经济模式的国家之一，在具体的举措中，墨西哥政府将合资银行、国际贸易企业包括石油公司全部通过转卖、兼并等方式脱离国家控制。墨西哥政府采取贸易完全自由化的发展模式，大量借助国外资本兼并从前的国有企业。与此同时，墨西哥政府降低贸易壁垒，一味遵循西方新自由主义经济思想所提倡的经济的自由化和完全私有化。最终于1994年，墨西哥发生了重大经济危机，此前的举措导致的恶果全部暴露出来，国内股市暴跌、资本外逃、货币贬值、工厂倒闭失业人数剧增，此前墨西哥政府所构建的本国金融体系基本崩塌，造成了墨西哥史上最严重的经济危机。

在西方新自由主义的引领下，并非只有墨西哥一国深受其害。与其同属拉丁美洲国家的阿根廷更加狂热地遵循执行了新自由主义经济政策。阿根廷为了加强本国贸易自由化，几乎卖空了所有国有企业，政府甚至将铁路、征税、教育、医疗、水利、电力等极其重要的部门及产业全部转卖给了私人资本，为了获得国外资本支持，将本国的民生产业及重要基础设施建设交付国外资本家控制，致使本国国有资产大量流失。所谓的贸易自由化真正意义上使国外的垄断资本家受益，牺牲了国内的中小企业以及广大中下层民众的利益，使本国的商品在市场上完全丧失了竞争力，最终导致国内企业与工厂纷纷倒闭，大量工人下岗失业，民众对政府充满了怨恨，政府公信力几乎完全丧失，爆发了全面的经济、政治和社会危机。以墨西哥、阿根廷为代表的拉美国家因过度信奉西方新自由主义思想而造成的经济困境，充分证明了国家对市场经济缺乏有力调控下，任由资本发展垄断不仅不会使经济健康增长，相反会面临经济萧条、金融动荡，对国家的经济安全构成严重威胁。

反观我国，在中国特色社会主义市场经济的发展中，我们始终坚持国家对经济的宏观调控，立足于中国的发展实际，不断解决经济改革和经济发展两大难题。直到今天，我国终于走出过去的贫穷落后成为世界第二大经济体，创造了举世瞩目的中国奇迹，这是我们长期坚持正确意识形态的最好回报，时至今日，我们取得一切成就皆源自我们对中国特色社会主义经济制度的不懈坚持。

第五章

文化领域国家意识形态安全建设的挑战及应对

意识形态是在一定的经济基础上反映特定阶级意志和利益的思想观念体系。主流意识形态是得到统治地位的阶级认可并在社会中占主导地位的价值观念，是一个国家实现凝心聚力，达成普遍共识的重要保障，也是社会制度得以存续的重要依托。自20世纪冷战结束尤其是进入21世纪以来，文化多样化与社会信息化的发展，在增强文化交流的同时也增加了意识形态安全的风险与挑战。保障国家意识形态安全的复杂性不断上升，争夺舆论话语权、文化领导权等成为国家软实力竞争的重要表现。文化是一个国家、民族的象征与标志，是国家、民族能够持续健康发展的基础，也是国家概念、民族概念形成和存续的必要性因素。因此，强调文化领域的意识形态安全建设对整体意识形态安全有着不可或缺的重要作用。

一、西方文化霸权主义对我国意识形态安全的威胁

西方资本主义国家的工业化水平走在了世界前列，工业文明的优势催生了其在文化领域的优越性。部分资本主义国家凭借其在经济领域的优势地位，牢牢掌握在国际社会上的话语权，提出"普世文明"的构想，最终催生出西方现行的文化霸权主义思想。文化霸权主义将现代化等同于西方化，认为要实现国家现代化就需要接受西方的价值观念，从而实现同化其他国家的目的。

（一）文化霸权主义的实质

文化霸权主义，也可称其为文化帝国主义，是指少数国家在同其他国家进行国际文化交往的过程中，会凭借其在政治、经济、军事等硬实力方面的优势，以文化传播和文化入侵等手段，通过影响和改变其他国家或地区的文化观念使其符合或顺从本国的意识形态、价值观念乃至社会制度，从而实现对其他国家或地区的控制，谋取更多国家利益。因此，文化霸权主义首先是建立在雄厚的经济、政治、军事等硬实力的基础上。其次，文化霸权主义是"文化殖民"的体现，即通过意识形态、价值观念等方面的渗透来实现对文化弱势国的控制。汉斯·摩根索曾指出："文化帝国主义谋求以另一种文化取代一种文化，它的目的，不是征服国土，也不是控制经济生活，而是征服和控制人心，以此手段改变两国的强权关系。"[①] 具体而言，文化霸权主义的实质体现为以下几个方面。

其一，文化霸权主义是以美国为首的西方大国维护自身国家安全的策略。在"二战"结束后美国凭借其地处美洲未被战火波及的独特优势，迅速在世界范围内确定了其"霸主"的地位。但是"二战"后国际社会主义运动的蓬勃发展和社会主义国家的不断成立，已经在事实上构成了对以美国所代表的资本主义国家的严重威胁。为保障自身国家安全利益不受损害，保证资本主义阵营在国际社会中的绝对优势，以美国为首的西方资本主义国家在冷战期间对以苏联为首的社会主义国家采取了"和平演变"的战略举措。事实证明，文化渗透和传

---

① ［美］汉斯·摩根索：《国际纵横策论：争强权、求和平》，卢明华等译，上海译文出版社1995年版，第90页。

播在美国的"和平演变"战略中发挥了重要作用。以美国为首的资本主义国家不仅通过这种文化渗透和入侵瓦解了苏联，还在世界范围内确定了其在文化领域的霸权地位，从而在文化领域维护了自身的国家安全。

其二，文化霸权主义是以美国为首的西方大国控制他国的途径。经历过战争的苦难，各国人民对于和平和发展的渴望也越发强烈。在和平与发展的时代背景下，以美国为首的西方大国如果继续采取诸如军事暴力入侵、政治强权压迫、经济制裁封锁等强硬方式控制他国，不仅控制难度越来越大，付出代价越来越高，而且不符合国际道义。而以文化渗透、文化传播、文化入侵为主要手段的文化霸权主义，不仅能跨越国与国之间的地域阻隔，而且隐秘性强、成本低、效率高，能够在潜移默化间使他国的人民"自愿"接受西方的思想意识形态，达到"不战而屈人之兵"的目的。

其三，文化霸权主义是以美国为首的西方大国谋求利益的手段。国与国之间的关系本质上是利益关系，"没有永恒的朋友，只有永恒的利益"这句被西方资本主义国家奉为真理的名言清晰地阐明了在处理国际关系和国际事务中追求利益最大化的实质。古往今来世界各国之间爆发的各种冲突争端，虽然理由各异，表现形式也不尽相同，但其实质都是利益冲突。以美国为首的西方大国之所以不遗余力地在世界范围内推销所谓的"普世价值"，推行文化霸权主义，其实质也是因为奉行文化霸权主义能够以最小的成本获取最大的利益。

（二）文化霸权主义对我国意识形态安全的威胁

文化霸权主义是霸权主义在文化领域的体现。文化霸权主义作为以美国为首的西方大国维护自身安全的策略、控制他国的途径、谋求利益的手段，在冷战结束后的很长一段时间里，文化霸权主义为美国等西方大国维持其世界统治地位提供了文化领域的保障。随着中国综合国力的提升，以美国为首的部分资本主义国家将意识形态的差异绝对化，将社会主义与资本主义的关系置于水火不容的境地，认为中国的强势崛起势必将对以美国为首的西方大国的统治地位构成威胁，西方大国恐惧、仇视中国的发展。再加上中华文明传承数千载而从未中断，这种厚重的文化底蕴也会对西方大国在文化领域的霸权产生冲击。因此，美国等西方国家采取了各种途径和手段试图渗透甚至是颠覆中国的文化，对中国的文化安全乃至意识形态安全构成了巨大的威胁。其威胁具体表现为以下几个方面。

其一，高举"民主""人权"旗帜，传播"普世价值观"。21世纪伊始，以美国为首的西方大国就鼓吹西方的"民主""人权""三权分立"等"普世价值观"，并将其作为维持文化霸权的新工具、新手段。2010年白宫发布的《美国国家安全战略》中就曾明确指出，维护美国长久利益的策略之一就是在美国国内以及国际范围内推行"普世价值观"。而亚洲作为美国等西方大国全球战略布局中的重要一环，更是美国等西方国家宣扬"普世价值观"的重要地区。一方面，部分西方国家宣扬"中国威胁论""国强必霸论"，营造中国践踏人权、罔顾民主的专制形象，歪曲解读我国的民主集中制，无视我国在人权保障领域取得的成绩，以此否定中国的价值观念；另一方面，又假借对外教育交流项目、援助项目等方式，不断从中国的高等院校乃至中小学选拔吸收学习成绩优异或家庭条件较好的学生赴外留学访问，通过潜移默化的西方思想文化渗透，在无形中利用部分不知实情的学生制造和散播不符合中国主流意识形态的言论，为西方"普世价值观"渗透和侵入中国创造了适宜的舆论环境，误导中国人民群众，使中国的意识形态安全防线面临从内部被瓦解的风险。

❖ **相关链接**

西方"普世价值观"的实质与批驳

西方"普世价值观"是指主要西方国家将自由、民主、人权等奉为超越国家、阶级、历史等对全人类普遍适用的价值观,其宣传渗透的实质是通过文化输出的方式,传播资产阶级的意识形态,意在销蚀其他国家的理论基础与价值追求,进而否定其他国家的政治制度与国民文化自信,从而达到不战而胜的目的。

资产阶级的"普世价值观"具有欺骗性与虚伪性。从一些西方国家的内部来看,种族歧视、贫富分化、社会撕裂、金钱政治、人权无保障等问题长期存在且愈演愈烈,与他们所标榜的"普世价值"形成鲜明对照。从世界范围来看,一些西方国家为了自己的政治经济利益和霸权野心,四处兜售"普世价值",东欧剧变、苏联解体,"颜色革命""阿拉伯之春"等事件,无一不是美西方插手而造成的。在所谓的"普世价值"影响下,一些国家被折腾得不成样子,有的四分五裂,有的战火纷飞,有的混乱不堪,这种例子比比皆是。[1] 随着中国的快速发展,中国在国际社会中的国际地位越来越重要,对部分西方资本主义国家的地位造成一定程度的冲击。由此,一方面,西方极力鼓吹"中国威胁论""国强必霸论""中国掠夺论"等言论,通过多手段企图遏制中国的发展;另一方面,借助电影、音乐等文化产品进行长期的思想文化渗透,并主动契合青年学生追求独立、标新立异的需要,在不知不觉中将西方价值观念灌输到中国人民尤其是青年一代头脑中。

---

[1] 《思想道德与法治(2021年版)》编写组编:《思想道德与法治》,高等教育出版社2021版,第124页。

其二，肆意诋毁英雄人物，宣扬历史虚无主义。欲亡其国，必先灭其史；欲灭其族，必先灭其文化。以美国为首的西方大国除了在中国大力推销"普世价值观"以外，也在不遗余力地诋毁中国历史，妄图用历史虚无主义的思想使中国人民对中国的历史、中国共产党的历史产生怀疑，进而削弱其在思想意识形态领域的防线。首先，美国等西方国家极力鼓吹"唐太宗李世民是韩国人""夏朝根本不存在""日本才是中华文化真正的传承者""中国文明是中东文明的分支"等荒诞可笑的不实言论，通过否定中华民族的文明传承、缩短中国历史长度等方式，从根源上否定中华文化的存在意义和价值，引导中国人民怀疑自己国家的历史和文化，削弱中华民族的民族自信心和凝聚力，为西方文化乘虚而入"架桥铺路"。其次，美国等西方国家极力否定中国共产党执政的合法性以及中国共产党在革命、建设、改革过程中取得历史性成就。通过恶意放大甚至捏造社会问题、蓄意引导舆论等方式，使人们将这些社会问题归咎为党政体制本身存在问题，进而使人们对中国共产党执政的合法性和合理性产生怀疑。最后，美国等西方国家还极力否定在中华民族发展史中涌现出的英雄人物。英雄人物是民族的脊梁，是民族精神的具体体现。部分西方国家对我国英雄人物的抹黑与诋毁，意图抹杀中国人民的民族气节与自信，该行为看似只是针对一个特定的英雄人物，实际针对的却是整个中华民族。否定英雄，其实质就是否定自己的民族，否定自己民族的历史。

❖ 知识拓展

中国为什么要制定英雄烈士保护法？

红军昼夜奔袭120公里飞夺泸定桥被神化？邱少云不可能在熊熊

烈火中一动不动？诸如此类对英雄先烈的"质疑"曾一度让不少人信以为真。抹黑、否定英雄先烈及其英雄事迹的恶劣行径，是对英雄先烈的不负责任，是对中华民族民族气节的否定，是历史虚无主义的鲜明表现，其实质是动摇中国共产党的执政根基与中国特色社会主义制度。苏联因历史虚无主义思潮泛滥带来的悲剧需要我们引以为鉴并加以避免。

其三，大量倾销文化产品，散布"文化"鸦片。正如阿兰·伯努瓦所说的那样，"资本主义卖的不再仅仅是商品和货物，它还卖标识、声音、图像、软件和联系"①。进入新世纪，随着中国制造业水平的不断上升，中国对西方资本主义国家商品的依赖性逐渐呈现降低趋势，越来越多的国货占据了中国广阔的商品市场。但是同实体产业不同的是，以美国为首的西方大国因其在技术层面的先发优势，在文化产业领域仍然占据着中国文化产业市场的半壁江山。好莱坞电影、韩国电视剧、日本漫画、欧美流行音乐等制作精良的文化产品在为国人带来新奇娱乐体验的同时，也在潜移默化地影响国人的意识形态和价值观念。在享乐主义、个人英雄主义等消极腐朽思潮的影响下，不少年轻人开始摒弃优秀的传统道德观念，崇尚这些文化产品中所展现的纸醉金迷的放纵生活，崇洋媚外、辱党辱华、青少年犯罪等问题不断出现。此外，受西方文化产品中蕴含的价值观念的影响，部分媒体为获取收视率与点击量故意迎合某些低级趣味，由剧情传递出的诸如男主出轨、小三上位等违背公序良俗的价值观念对青少年乃至社会价值观均造成了极其严重的不良影响。由此可见，这些被精心制作的，裹挟着西方文化、西方价值观念的文化产品一旦被国人所认同，势必会对我国的传统文

---

① 王列、杨雪冬编译，《全球化与世界》，中央编译出版社1998年版，第10页。

化观念和主流意识形态产生冲击。而这些腐朽堕落的错误思想观念也会像鸦片一样，对我国的文化产业发展乃至意识形态安全造成难以遏制的严重危害。

其四，渗透国民教育，传播西化思想。国势之强由于人，人才之成出于学。教育是一个国家、一个民族发展壮大不可或缺的重要环节，也是文化传承发展的必由之路。国民教育的成效直接影响着国家、民族的文化存续。因此，在西方实施文化霸权的诸多手段中，教育始终是作为其进行文化渗透和入侵的重要手段被西方各国高度重视和关注。首先，西方国家通过输入蕴含西方价值观念的教学内容潜移默化地影响中国学生。在众多社会科学领域，由于中国相关学科体系建设起步晚、理论体系建构尚未健全，所以国内很多高校在教学过程中使用的是西方学者编著的教材，所采用的案例也大多是反映西方社会现实生活的案例，从中得出的结论通常也是适应于西方社会现实状况，因此不可避免地带有资本主义色彩的意识形态和价值观念。这就意味着当中国的高校在使用这些教材进行课堂讲授的时候，无论是老师还是学生其实都已经在不知不觉中受到了西方意识形态的影响，在一定程度上会对他们头脑中的主流意识形态产生威胁与冲击。其次，西方国家借由一些学术交流活动对我国的专家学者进行"思想洗脑"。名义上是促进国际社会文化教育领域的交流互鉴，其实质则是通过这种方式谋求我国专家学者对西方民主制度的认同。也正是在这样的"思想洗脑"下，在很长的一段时间里中国存在由少数高校教师发出的"高校应当价值中立，教育应当去政治化"呼声，主张取消高校内的党组织和思想政治教育课。甚至还有一些政治学、社会学的高校教师在课堂上大肆鼓吹西方政治制度的先进性，抨击中国的政治制度，使课堂成了传播反党反社会主义观点和宣扬西方意识形态的平台，对我国意识形态安全造成严重破坏。

二、文化复古主义对我国意识形态安全的侵蚀

党的十八大以来,习近平总书记多次强调中华优秀传统文化的重要性。在党中央的大力支持下,许多高校都开设了国学或儒学的研究教育机构,为中华优秀传统文化的创造性转化和创新性发展提供助力。同时,许多民间国学机构也如雨后春笋一般出现,一时间社会各界呈现出了一种中华优秀传统文化全方位复苏的繁荣景象。但是伴随着中华优秀传统文化在中国社会各领域的全方位复苏,文化复古主义的思潮也开始涌现。这种思潮打着"传承中华传统文化"的旗号,实际上却是在宣扬腐朽落后的封建主义思想,在一定程度上侵蚀着我国的意识形态安全。

(一)文化复古主义的演进和实质

所谓文化复古主义,是指全盘反对西方文化及其价值理念,认为只有"孔孟之道"才能适应中国社会的发展,要求重新确立传统文化在社会发展中的主导地位,以此来取代马克思主义在意识形态领域中的指导地位的一种思潮。从演进历程来看,这种文化复古主义思潮最早出现在清末民初的文化危机时期。当时以康有为、严复等"改良派"为主要代表的有识之士,为应对当时流传甚广的"全盘西化"思想对中国传统文化的破坏,主张将儒家思想以宗教的形式确定为中国国教以对抗西方意识形态的侵蚀。虽然康、严等人对传承中华传统文化的想法是正确的,但是其片面强调传统,排斥西方优秀文明成果的行为却在一定程度上遏制了中国文化的发展,因而历史和人民没有选择这种方式。虽然康、严等人的文化复古主义主张没有实现,但是文化复古主义的思潮却始终没有平息。随着苏联解体,社会主义发展陷入低

谷，国内思想意识形态动荡不定，文化复古主义者通过片面解读"新儒家"学派的思想观点，提出了"以儒代马""儒教立国"等口号，试图动摇马克思主义在意识形态领域的指导地位。党的十八大以来，习近平总书记曾多次在重要场合强调传承和发展中华优秀传统文化的重要性和紧迫性。这被文化复古主义者们过度解读为国家领导人对文化复古主义的支持和鼓励。更有甚者认为中国当代青少年的道德水平之所以出现滑坡就是因为传统文化在道德教育领域缺位所导致的，因此提倡用"三纲五常""女德"等封建道德观取代社会主义道德观。可以说文化复古主义已经在无形中渗透进了社会生活的方方面面，对我国的意识形态安全造成了严重的侵蚀。

通过对近代以来文化复古主义思潮演进历程的分析我们不难看出，文化复古主义有其深厚的历史沿袭和发展脉络，其核心思想就是以封建主义否定和代替社会主义价值观念，通过过度夸大儒家思想对治国理政的重要作用，将中华民族的伟大复兴与儒家文化的伟大复兴直接挂钩，否定我国近现代以来取得的现代化发展成果，否定马克思主义基本原理及其中国化的理论成果。文化复古主义的实质并不是文化层面的民族文化复兴，而是政治层面的封建思想复辟，是打着"复兴文化"的旗帜谋求更多政治利益，妄图颠覆以马克思主义为核心内容和理论指导的主流意识形态在意识形态领域领导权的政治手段，必须要加以警惕和防范。

（二）文化复古主义对我国意识形态安全的侵蚀

其一，奉儒家传统文化为真理思想，因循守旧。文化复古主义最为显著的特征就是尊孔崇儒，将中华优秀传统文化片面地解读为儒家文化，将孔圣遗训奉为真理，言必称"圣人曰""子曰"。诚然，孔子等儒家先圣的至理名言时隔千年仍然能从中看到智慧的光芒，习近平总书记也在许多重要场合引用借鉴过这些至理名言。但是我们也必须清晰地认识到，任何真理性的话语都必须将其放在特定的历史背景下进行考察，孔子等先圣的至理名言也是如此。纵然孔子等先圣的思想时隔千年仍然闪烁着真理的光辉，但是其中也有不适应时代发展需要的糟粕需要剔除。真理是具体的、有条件的，脱离具体的时代背景去讨论这些传统经典的真理性，将孔子等先圣所说的话奉为瑰宝，视为治国理政必须遵循的指导思想，不仅是犯了形而上学的错误，更是开历史的倒车，妄图否定我国近现代以来创造的社会文明成果，将我国拉回封建社会。中国近代以来所遭受的苦难，一部分原因是我国没能把握历史发展的机遇，但还有很重要的一部分原因是在我国封建王朝后期，无论是统治者还是民众都将传统儒家思想视为不容亵渎的真理，思想僵化守旧，没有创新意识。因此，我们必须清楚地认识到中华优秀传统文化与中华传统文化的差异，明确儒家传统思想与中华优秀传统文化的区别。无论在何时，文化复古主义的错误思想都会对我国的意识形态安全造成不可忽视的侵蚀和影响，必须引起警惕。

其二，奉封建纲常为至高的道德准则，压制人性。文化复古主义的第二个特征就是极度强调封建纲常。"三纲五常"思想作为中国儒家文化传承千年的基本纲常伦理架构，也是文化复古主义者始终致力于研究和推广的核心理念之一。"三纲五常"思想最早来源于董仲舒的《春秋繁露》一书，这种通过确立名分来教化天下以维护社会秩序的思想也是儒家政治的核心思想之一。不可否认的是，以"三纲五常"为主要代表的封建纲常确实在千百年间为中国历朝历代封建王朝的稳定传承和发展奠定了社会基础，"三纲五常"思想也确实存在合理性成分，例如我国的社会主义核心价值观中就借鉴吸收了"五常"思想中的精髓。但是，以"三纲五常"为主要代表的封建纲常思想在稳定社会结构的同时也会压制人的自然欲望和精神追求，对个人的独立人格的发展会产生难以磨灭的消极影响。因此对于封建纲常我们必须取其精华、去其糟粕。反观现实，近些年在全国各地陆续开办的"国学班""女德班"中，却不乏打着"国学"的旗号宣扬封建纲常余毒的现象。例如在2017年闹得沸沸扬扬的"丁璇事件"中，丁璇所宣扬的"女性穿着暴露，是上克父母、中克丈夫、下克子孙的破败相""女人不能换男人，这是保持种族的纯洁"等言论，正是封建纲常中歧视污名女性思想的体现，不仅有违现代人文主义精神，更会对女性的社会生活造成极大的影响。再如"官本位"意识、"家长制"思想等封建纲常思想也同样存在于当今社会并对国人的思想和行为产生了不良影响。

其三，盲目否定西方文化，自负自满。文化复古主义第三个显著的特点就是盲目排外，否定西方的近现代文明成果。很多文化复古主义者秉持着一种"东方文化优越论"的观点，认为中国传统文化之所以能够传承千年、生生不息是因为中国传统文化尤其是儒家文化处在世界文化的前列，中国传统文化是最具有真理性和普世性的文化，无论是中国还是世界面临的一切现实性的问题，都一定能从中国传统文化中找寻到答案。因此中国不需要马克思主义等西方思想家的思想，只需要深挖中国传统文化就可以找到解决问题的答案。还有一部分人盲目崇信中国传统文化中天人合一、道法自然的精神境界，认为西方文化只崇尚物质而轻视精神，因此才会导致各种环境问题的出现，只有中国传统文化中才蕴含能拯救人类社会、解放全人类的正确思想。这种通过吹捧中国传统文化优越性，盲目否定其他国家优良文化成果的行为，不仅会使国人形成"中国乃天朝上国"的错误观念，严重影响我国同其他国家的文化交流，还会削弱马克思主义在我国意识形态领域的指导地位，侵蚀我国意识形态安全的根基。

意识形态安全作为国家非传统安全的重要部分，具有隐蔽性强和破坏性大的特点。我们对外受到西方文化霸权主义的威胁，对内受到文化复古主义的侵蚀，意识形态安全隐患无处不在，我国在意识形态安全建设方面面临的风险与挑战与日俱增。面对我国文化领域错误思潮给意识形态安全带来的威胁，我们需正本溯源，激浊扬清，创新发展中国特色社会主义文化，坚定文化自信；需深化我国文化事业和文化产业改革，在多元思潮中固本培元，提高文化软实力。

三、创新发展中国特色社会主义文化，坚定文化自信

文化创新是流淌在中华民族血脉深处的精神禀赋，是中华文明能够历经千年风雨仍然在世界文明之林闪烁耀眼光芒的重要凭依。因此，为了使中华文明数千年的文化积淀得以弘扬、使中华文化在世界文化的风云激荡中屹立不倒、使中国人民的文化自信更加坚定，保障我国在文化领域的意识形态安全，就必须要创新发展中国特色社会主义文化。党的十九大报告指出："中国特色社会主义文化，源自中华民族五千多年文明历史所孕育的中华优秀传统文化，熔铸于党领导人民在革命、建设、改革中创造的革命文化和社会主义先进文化，植根于中国特色社会主义伟大实践。"[①] 我们直面文化霸权主义对我国意识形态安全的威胁，正视文化复古主义对我国意识形态安全的侵蚀，需要在立足中国特色社会主义伟大实践的基础上推动中华优秀传统文化创造性转化与创新性发展，传承弘扬中国优秀革命文化，培育践行社会主义先进文化，积极同外来优秀文明成果交流互鉴，以实际行动捍卫我国文化领域意识形态安全。

---

① 习近平：《决胜全面建成小康社会　夺取新时代中国特色社会主义伟大胜利》，《人民日报》2017年10月28日，第1版。

（一）推动中华优秀传统文化创新性发展

其一，深入挖掘中华优秀传统文化的当代价值。当前我国正处于社会转型期，人们的思想观念也必然会随着社会的变革发生深刻的变化，而中华传统文化作为根植在中华民族血脉中传承千年的文化基因，必然也需要在社会变革中实现自身的变革和突破，以继续为我国的社会主义文化发展以及日常生活提供有益的文化启迪。例如汉代董仲舒通过吸收借鉴阴阳家、道家等先秦诸子的思想精华，创造性地提出了"天人交感"的思想，强调"天人之际，合而为一"。此后"天人交感"思想在宋代被进一步发展为"天人合一"的思想，进而演变成人应当敬畏天地、顺天而行的观念。"天人合一"思想虽然在一定程度上有封建迷信的成分，而且也为封建统治者愚弄民众提供了思想武器，但是其中蕴藏的敬畏自然、保护生态的思想对我国当下建设生态文明，构建人与自然和谐共生的关系具有十分重大的现实意义。习近平总书记提出的"两山论"就是对"天人合一"思想当代价值的拓展和深刻诠释。此外，诸如自强不息、弃恶扬善、敬业乐群、勤俭持家等优秀道德观念也为我国的社会主义道德观念提供了思想养料。因此，在传承中华民族优秀传统文化的进程中，我们必须要对传统文化的当代价值进行挖掘和诠释。

其二，赋予中华优秀传统文化新的时代特征。由于优秀传统文化诞生的年代和现代社会的现实状况已经相距甚远，因此想要使它们重新焕发活力、展现魅力，融入人们的日常生活中，就必须迎合当代人的文化生活需求，为传统文化注入创新性元素，赋予传统文化新的时代特征，使传统文化可以"活起来""火起来"。例如近几年爆火的文创产品就是将传统文化同时尚元素进行有机结合，实现了传统文化在当今社会的再创造。"朝珠耳机""顶戴花翎官帽遮阳伞""金榜题名笔"

等耳熟能详的文创产品不仅拉动了我国文化产业的发展,而且通过在产品中融入传统文化元素的方式,使人们感受到了中华优秀传统文化的巨大魅力,对中华优秀传统文化产生了深厚的兴趣,也为中华优秀传统文化的创新性发展注入新的生机和动力。

其三,推动中华优秀传统文化走向世界。习近平总书记强调:"我国要提高国家文化软实力,就必须使当代中国价值观走向世界。"[①]这不仅是关乎文化强国建设的战略工程,也是实现民族复兴梦想的关键一步。目前中国传统文化在海外的表现形式多以舞龙、功夫、京剧、中国结等外在的文化活动或产品为载体。这些中国特有的文化活动的确可以在一定程度上展示中国文化的独特魅力,但是很多时候不免有流于形式之感。与西方电影、音乐等影音作品中融入大量外显性的西方价值观念和意识形态不同,中国的文化产品中蕴含的传统文化精神往往更加内敛,因此必须要经过细细品味后才能把握中华传统文化的精髓。虽然功夫、舞龙等文化活动在国外受到很多外国人的喜爱,但是往往是在娱乐中一带而过,中华文化的精神和实质并没有真正被外国友人准确把握。因此,推动中华优秀传统文化走向世界的关键在于让中国传统文化的思想观念与价值追求"走出去",使海外友人可以真正了解中华文化的精神和理念,而不是仅仅停留于功夫、京剧等外在娱乐形式。这就要求我们必须要打破西方长久以来的文化霸权,立足于中国发展的具体实践,从理论层面总结好"中国精神""中国道路""中国智慧",消除"中国威胁论""文明冲突论"等恶意错误言论立足的根基,使更多的西方人可以了解、认识中国及其文化。

---

① 中共中央文献研究室编:《习近平关于社会主义文化建设论述摘编》,中央文献出版社2017年版,第200页。

（二）传承弘扬中国优秀革命文化

中国优秀革命文化是近代以来中国共产党团结带领中国人民在革命、建设、改革中形成并传承至今的理想信念与精神品格。革命文化是历史的产物，需要结合当今社会发展特点赋予其科学的时代内涵。

一方面，用中国优秀革命精神丰富中华民族精神。在近现代的革命与建设实践中，中国共产党带领中国人民取得了一次次伟大胜利，在艰难困苦的环境下谱写了一篇篇佳话。其中，在实践中形成的革命精神构成了革命文化的核心与灵魂。革命精神具有历史继承性，不同的革命精神都以中华民族精神为主干，结合实践特点表现为不同的特色。从中国优秀革命精神中抽取其共同本质，都在不同程度上体现着中国精神。红船精神、井冈山精神、延安精神等革命精神不仅在当时的历史条件下保证了革命任务取得胜利，更在当今时代历久弥新，振奋人心。无论现在和将来，我们都要从革命精神中汲取智慧和力量，把理想信念的火种一代代传下去，让革命精神成为我们克服前进道路上一切困难的重要精神支柱，战胜千难万险的重要力量源泉。

另一方面，用中国优秀革命文化引领新时代的伟大斗争。中国目前正处于"两个一百年"奋斗目标的交替之际，面临的国内外矛盾更加复杂，要开展的斗争也更加艰巨，文化意识形态领域的斗争亦是如此。维护我国文化领域的意识形态安全，一是要充分发扬优秀的革命文化传统，高扬斗争精神，提高斗争本领，勇于同文化意识形态领域的敌对势力做斗争；二是通过弘扬传承中国优秀革命文化，真实再现党带领人民群众进行的斗争实践及取得的胜利，推动"四史"学习落地开花，以史实回击历史虚无主义的错误思潮。用中国优秀革命文化引领新时代意识形态领域的伟大斗争，发扬革命优良传统，积累斗争经验，以伟大斗争捍卫我国意识形态安全。

（三）培育践行社会主义先进文化

社会主义先进文化是指在马克思主义的指导下，在继承中华优秀传统文化和革命文化的基础上，在现代社会主义建设实践中形成的反映当代中国文化发展方向的主流文化。社会主义先进文化是中国文化的最新表现形式，弘扬社会主义先进文化以坚定文化自信，首要的是做好以下两项工作。

一是"把方向"：牢牢掌握意识形态工作领导权。由于意识形态具有阶级性和方向性，不同的意识形态代表了不同阶级的利益诉求。社会主义先进文化体现的是社会主义主流意识形态，维护最广大人民群众的根本利益。与之相反，西方主流意识形态集中反映了资产阶级的利益诉求，不符合我国社会发展的需要。如果任其在我国文化领域传播渗透，不仅会削弱我国主流意识形态的引领作用，导致意识形态领域的混乱，而且会直接损害人民群众的根本利益。所以，意识形态工作需要有明确的、正确的、稳定的发展方向。这就意味着要坚持代表人民利益的中国共产党对意识形态工作的领导权，使社会主义先进文化始终围绕"主心骨"发展；意味着要坚持马克思主义在意识形态领域的指导地位，使社会主义先进文化始终遵循科学指导；意味着要坚持发展中国特色社会主义制度，使社会主义文化的先进性具有制度依托。只有这样，才能保证社会主义文化繁荣发展的正确方向，才能真正体现社会主义文化的先进性。因此，我国需要深入推进马克思主义中国化、时代化、大众化，使人民群众在不同意识形态面前能够坚持正确方向，做出正确选择。

二是"抓落实"：培育和践行社会主义核心价值观。社会主义核心价值观是社会主义先进文化在新时代的集中体现，也是培育践行社会主义先进文化的重要抓手。抵御西方意识形态的渗透，一方面要"把社会主义核心价值观融入社会发展各方面，转化为人们的情感认同和行为习惯。"① 建构起对社会主义先进文化的信心与信念，从而能够在西方各种错误思潮中坚守自我。另一方面，促进价值认同转化为社会实践。社会主义核心价值观作为文化建设的精神指引，必须转化为实际行动才能形成对抗错误思潮的坚强定力与强大能力。

（四）积极同外来优秀文明成果交流互鉴

推动中国特色社会主义文化发展，除了对内强基固本、守正创新外，对外需要在坚持中国主流意识形态基调的基础上，以包容开放的态度对待世界优秀文明成果，同其他国家进行文明交流互鉴，不可骄傲自大、闭门造车。

第一，以我为主，为我所用。吸收借鉴世界优秀文明成果。中华文明之所以源远流长，得益于中华文明的包容性。创新中国特色社会主义文化，也需要吸收借鉴外来优秀文明成果。但是吸收借鉴不是全盘接受，交流互鉴也不是照搬照抄。吸收借鉴外来优秀文明成果，需要在保持自身文化的独立性和稳定性的前提下，有限度地批判吸纳外来优秀文化。实践告诉我们，开放包容地吸收借鉴优秀外来文化，将其同自身文化相融合并进行再造，不仅不会削弱中国特色社会文化的优秀内核，还会促进中国特色社会主义文化与世界文明接轨，使中华文化更具活力。传承千年的儒家文明不仅兼容并蓄了先秦诸子百家的思想内核，也借鉴吸收了佛教、伊斯兰教甚至是基督教的部分内容；马克思主义中国化的进程和中国特色社会主义的蓬勃发展也充分证明了中华文化对外来文化具有强大整合能力。因此，创

---

① 习近平：《决胜全面建成小康社会　夺取新时代中国特色社会主义伟大胜利》，《人民日报》2017年10月28日，第1版。

新发展社会主义先进文化,需要对世界优秀文明成果进行吸纳借鉴,并将其同中国特色社会主义文化进行融合、提炼、再造、升华,丰富中华文化元素。

第二,取其精华,去其糟粕。警惕西方错误思潮对我国意识形态领域的冲击。由于错误思潮渗透具有隐蔽性,在吸收借鉴外来文化成果时,如果不加区分,极易为西方错误思潮趁机潜入创造机会。在文明交流互鉴时需要时刻警惕西方文化观念的渗透,对符合我国发展要求的先进思想文化要积极学习参考,对与我国发展方向与价值取向相悖的文化内容,要精准识别并坚决剔除。

第三,平等相待,求同存异。摒弃文化优越主义和历史虚无主义的错误倾向。世界文化多元多样,无论是已经消亡的还是现今尚存的,世界各地诞生与发展的文明都为人类文明的发展和延续做出了不可磨灭的贡献。文化只有价值取向的差异,没有高低贵贱之分。中国特色社会主义文化同世界其他文明一样,都是各自民族文化特殊性与世界文明普遍性的统一。正如习近平总书记所说:"各种人类文明在价值上是平等的,都各有千秋,也各有不足。世界上没有十全十美的文明,也不存在一无是处的文明,文明没有高低、优劣之分。"[①] 因此,在与外来优秀文化进行交流互鉴时,需要坚持以平等的态度相待,既不能存有目中无人的优越感,又不能缺乏文化自信,妄自菲薄。

四、深化我国文化事业和产业改革,提高文化软实力

当今世界,文化事业和文化产业是一个国家、一个民族文化软实力的重要表征,是国家综合国力和文化安全的重要组成部分。从国际

[①] 习近平:《习近平谈治国理政》(第1卷),外文出版社2014年版,第259页。

经验上看，美国、英国、法国、日本等经济发展相对发达的资本主义强国都十分重视文化事业和文化产业的发展。例如，文化产业作为美国的支柱性产业，这些文化产品不仅为美国带来了巨大的经济利益，也使美国在文化领域拥有着强大的渗透力。再如日本在20世纪90年代经济低迷时期，也是依靠以游戏、动漫为代表的文化产业的逆势增长度过了那段艰难的时期。目前我国虽然拥有世界上独一无二的五千年中华文明积淀，但文化产业发展效能不理想，反而在很多方面受到西方文化的影响。因此，中国想要提升文化软实力，在国际社会树立中国形象，需要深化文化事业和文化产业改革，坚持文化产品创新的正确方向方针，以此来铸造文化领域意识形态安全的防线。

（一）文化产品创新坚持正确方向方针

其一，坚持"二为"方向。所谓"二为"方向即是"为人民服务、为社会主义服务"的方向。习近平总书记曾深刻指出："文艺要反映好人民心声，就要坚持为人民服务、为社会主义服务这个根本方向。这是党对文艺战线提出的一项基本要求，也是决定我国文艺事业前途命运的关键。"[①]其中"为人民服务"回答的是在文化创作中为了谁、依靠谁的问题，"为社会主义服务"回答的则是文化创作的方向与归依问题。一方面，文化产品的创作必须坚持人民立场，做人民大众喜闻乐见的文化产品。文化创作灵感从人民群众的生活实际中寻找，创作内容贴合人民群众的实际生活需要，文化产品最终要发挥凝心聚力、鼓舞人心等作用。中华民族五千年的文化积淀，古老中国发生的深刻变化和14亿中国人民的美好生活都为我国文化产品的创作提供了丰厚的资源。例如2020年热映的电影《我和我的家乡》之所

---

① 习近平：《习近平谈治国理政》（第2卷），外文出版社2017版，第314页。

以得到社会各界人士的喜爱，正是因为里面讲述的故事展现的是人民群众的真实生活，抒发的是人民群众的真实情感，做到了"为人民抒写、为人民抒怀、为人民抒情"①的要求。另一方面，文化产品的创作必须坚持为社会主义服务。无论文化事业还是文化产业，都要坚持社会主义的发展方向，这也是为人民服务的内在要求。文化内涵价值性，精神追求和价值取向是灵魂、是根本。如果忽视其中蕴藏的价值取向和精神要义，文化建设就会迷失方向、丧失灵魂。我们要坚持和发展的是社会主义先进文化，因此在文化创作的过程中必须要牢固树立马克思主义文化观，用社会主义核心价值体系引领文化创作生产方向。《我和我的家乡》能够爆火的第二点原因在于，它是以北漂外卖员、农民发明家、乡村教师、商人、基层干部这些生活中随处可见的小人物的生活变化，来彰显我国70多年来社会发展取得的巨大成就，在增强观众们带入感的同时，也突出了社会主义现代化建设成果能够为全民共享的核心内涵，从而使社会主义先进文化得以浸润人心。文化创作只有坚持"二为"方向，才能经得起人民的评价、专家的评判、市场的检验，我国文化产品的创新发展才能从人民那里获得源源不断的磅礴力量。

其二，坚持"双百"方针。所谓"双百"方针是指"百花齐放、百家争鸣"的方针。坚持"双百"方针的实质就是在遵循社会主义核心价值体系要求，在"二为"方向的基础上，尊重差异、包容多样。在"二为"方向的指引下，不同的文化产品虽然表现形式、涉及内容各异，但其根本性质与发展方向具有内在一致性。在文化创作中，无论采取何种形式，无论包含哪些主题，只要符合"二为"方向，符合文化创作规范，都是我们鼓励支持发展的对象。在文化多样化的今天，人民

---

① 习近平：《习近平谈治国理政》（第2卷），外文出版社2017版，第316页。

群众日益增长的文化需求使得"双百"方针在新时代历久弥新。尤其是随着全媒体时代的到来,文化创作者要适应新媒体的发展,创新文化产品形式,着力推动中国特色社会主义文化在全媒体领域的传播和扩散,占领网络文化制高点。

(二)创新文化产业体制机制

其一,完善文化管理体制。创新文化产业体制机制,首先就必须要解决好各个文化主体之间的关系,即在社会主义市场经济的体制下,我国应当遵循社会主义精神文明建设的发展规律,进一步理顺政府、企业和社会大众之间的关系,最终目的是在党政文化机关同文化产品生产企业、社会大众之间形成一个符合社会主义市场经济规律、社会主义精神文明建设规律的良性互动机制。因此,政府相关文化部门要进一步完善文化管理体制。一方面,要做到简政放权、放管结合。政府相关文化部门放权并不是意味着文化产业的发展就完全脱离了党政文化机关的管理,而是要让文化产品生产企业能够拥有更多的自主性和创造性,可以通过充分调研、综合研判的方式迎合文化市场的发展需求,增强文化企业的发展活力。但是在大的方向上,党政文化机关必须要把握住文化产业发展的原则和底线,做到适度引导、合理干预,使文化产业的发展与中国特色社会主义伟大事业的发展同向,助力文化强国建设。另一方面,也要做到优化服务、提升效率。市场发展机遇稍纵即逝,很多时候并不是文化企业没有及时抓住机遇,而是因为政府相关部门的层层审批使文化企业错失了市场发展机遇,进而被市场淘汰。因此对于那些多余、冗余的文化管理部门,党政文化机关应当予以改革或裁撤,通过对文化管理各部门职能运行的统筹协调,精简文化产业管理的审批流程,不为不办找理由,只为办好想办法,尽量做到"只跑一次腿""只盖一遍章",为文化产业发展提供更好的保障。

其二，健全文化市场体系。深化文化体制改革，首先，需要处理好政府与市场的关系，强调文化市场在文化资源配置中的决定性作用，使文化资源可以合理有效配置到文化产业的各个方面。其次，保证各类文化市场主体之间机会平等、权利平等、规则平等，切实地保障非公有制文化企业能够同国有文化企业一样享受同等的发展机遇。在兼顾国有企业在体量、效益等方面优势的同时，通过培植中小微型文化企业，发挥其经营方式灵活、创意出产速度较快的优势，使文化产品深入社会生活的各个方面。最后，通过培育一些独立于政府机构的第三方文化组织和中介机构，在一定程度上减轻政府监管文化产业的行政负担，进一步增强文化企业在文化市场上的自主性和创造性，使文化市场更好地发挥其在文化资源配置方面的决定性作用，进而为我国的文化产业发展注入新动能。

其三，加快文化立法进程。加快文化产业立法进程，不仅是我国推动全面依法治国的必然要求，也是创新文化产业体制机制的题中之义。目前我国已经出台了部分有关文化建设的法律和行政法规，但是从管理体制上看，目前我国关于文化产业管理的职能分散在文化旅游、新闻出版、广电、体育、工商、住建等多个部门之中，各个部门的管理职能和部门规章中既有交叉也有空白，在处理具体问题时经常会出现各部门对同一问题存在不同的处置方案或相互推诿的现象。因此我国急需出台一套能够统揽各方的综合性文化产业管理法律体系，针对文化产业管理中实际存在的多头管理现状进行统筹协调，形成规范文化产业发展的合力。此外，社会中新事物、新业态不断出现也从另一个方面要求我们必须加快立法进程，提升立法水平，健全文化法制体系建设，在规范管理的框架下促进我国文化产业的蓬勃发展。

经典案例

《觉醒年代》在港播出引发广泛好评

（一）香港市民：了解中国近代史的新视角[①]

电视剧《觉醒年代》7月12日在香港首播。在当日举行的首映礼上，不少香港市民在看过《觉醒年代》第一集后，都对该剧给予较高评价，并表示观看这部剧是从一个新的视角了解中国近代史，希望香港社会对此也多些了解。

市民陈小姐对中新社记者表示，在当天的首映礼前，她就已经在网络上看过《觉醒年代》，并认为这部剧可以给人一个新的视角去了解中国近代史，特别是关于五四运动、新文化运动等。

"过去读书的时候对于中国近代史其实不太熟悉，很多都是水过鸭背式的学习，看这部剧对我来说是一个新的学习机会，了解当时的中国到底是怎样一个状态。"陈小姐表示，《觉醒年代》让她很有代入感，可以了解陈独秀、李大钊等对于国家的情怀。

市民黄小姐表示，过去她对中国历史和中国共产党的历史了解并不深入，当日是在首映礼现场第一次看《觉醒年代》。她对记者说，剧中的内容让她对当时的中国和中国共产党都有了进一步的了解，她也愿意推荐身边的朋友去看。"这部剧是以事实为基础，兼具娱乐性，也获得过好多奖，值得大家去看。"她说。

市民严先生表示，他本人对中国历史一直非常有兴趣，《觉醒年代》这部剧中的人物个性鲜明，有的人刚烈、有的人斯文，也有人很讲义气，

---

① 中国新闻网：《香港市民看〈觉醒年代〉：了解中国近代史的新视角》，https://www.chinanews.com.cn/ga/2021/07-12/9518242.shtml.2021-7-12。

但大家都有一种民族精神,令他很感动。他也会推荐身边的年轻朋友去看。

港区全国人大代表邝美云当日也在现场观看。她在接受中新社记者采访时表示,以史明志,香港市民应该多了解国家的历史,这部剧也值得大家好好观看。

全国人大常委会委员、香港再出发大联盟秘书长谭耀宗对中新社记者说,《觉醒年代》对人物的刻画非常细致,希望香港市民多通过这部剧认识和了解国家和中国共产党,对"一国两制"的未来充满信心。

(二)学者:看《觉醒年代》有点"过瘾"①

已经看过全套剧的全国港澳研究会副会长、香港中文大学社会学系荣休讲座教授刘兆佳接受中新社记者采访时表示,看《觉醒年代》有点"过瘾",因为该剧对近代历史人物的言论有研究,描述了当年不同政治主张之间的争锋,并展示了为何只有社会主义才能救中国。

在刘兆佳看来,1919年的巴黎和会在中国近代史上非常重要。由于中国在巴黎和会并未受到平等对待,激起中国人的怒火,引发后来的五四运动,并让原来对西方存有期盼和仰慕的中国知识分子对西方非常失望。《觉醒年代》以这段历史为背景,讲述了中国人苦苦寻找救国之道的故事。

刘兆佳认为,这部电视剧人物刻画入木三分。观众看完会对为中国前途积极寻路的知识分子感到由衷的敬佩。在他眼中"觉醒"是指当时的人们从传统文化、西方文化和西方政治主张中觉醒过来。

---

① 中国新闻网:《〈觉醒年代〉在港播出 学者称看后"过瘾"》,https://www.chinanews.com.cn/ga/2021/07-15/9520612.shtml.2021-7-15。

对于《觉醒年代》在港播出，刘兆佳认为将有助增加香港人，特别是年轻人对国家的理解和认同。"年轻人应该好好了解中国共产党。"他说，香港青年需要了解作为新中国的缔造者，中国共产党为何能够把一个贫穷落后、四分五裂的中国变成如今这个富强、在国际上举足轻重的中国。

第六章

社会领域国家意识形态
安全建设的挑战及应对

作为一种具有整体性的社会意识现象，意识形态安全反映出人们对国家意识形态的认同程度，是直接关系到国家和民族生死存亡的重大问题。中国特色社会主义进入新时代，一方面意味着我国发展处于新的历史方位，另一方面也意味着中国共产党和中国人民将要迎接新的形势和挑战，这必然也包括了国家意识形态安全在国内外环境发生深刻变化时所要直面的冲击和问题。习近平总书记在全国宣传思想工作会议上强调："能否做好意识形态工作，事关党的前途命运，事关国家长治久安，事关民族凝聚力和向心力。"① 与经济、政治、文化等领域有所不同，社会领域中的诸多问题，如民生、宗教等日常生活议题往往与人民群众现实生活联系最为紧密，与人民群众切身利益关系最为直接，与人民群众内心情感共鸣最为强烈。因此，社会领域在客观上成了意识形态"战争"博弈的主战场，也成了国家意识形态安全建设和治理过程中的主阵地。

一、民生问题影响我国主流意识形态认同

作为推动社会历史不断向前发展的创造者，人民群众在社会实践中的意识形态认同，既来自文化教育中的理性认知，也来自日常社会生活中具体的情感体验。随着社会主要矛盾发生了变化，人民对美好生活的期待与向往与日俱增。民生议题作为意识形态在社会生活领域

---

① 《习近平关于总体国家安全观论述摘编》，中央文献出版社2018年版，第99页。

中生成的具体政策映射，影响着人们对国家意识形态的认可程度。如果不能妥善解决与人民群众密切相关的民生问题，那么国家意识形态认同就难以获得相应的社会实践支撑，进而导致人民对马克思主义意识形态产生疏离。因此，我们要以民生为导向，增强人民的幸福感、获得感、安全感，这是切实维护国家意识形态安全的重要突破口。

（一）城乡发展差距降低主流意识形态吸引力

纵观世界历史，城乡差距是每一个发展中国家进行现代化建设时的必然衍生物，也是关系到社会民生的重大问题。新中国成立后，为了加快国家工业化进程，党和政府采取了优先发展工业的国家战略方针，即通过工农业产品中"剪刀差"的价格差距满足工业化的原始社会资源积累需求。在中国城市工业化的进程中，千千万万的乡村为此做出了巨大的贡献，但也导致了如收入、就业、教育、医疗、社会保障和福利等一系列关系到民生问题的城乡差距的产生。随着国家实力的不断提升，党和政府连续多年出台一号文件支持农村发展，把妥善解决"三农问题"（农村、农民、农业）作为国家发展与治理工作中的核心问题。作为人民群众关注和关心的焦点问题，能否弥合城乡发展鸿沟，关系到社会生活领域的舆论风向，关系到人民对主流价值观和社会主义意识形态的接受与认同。

从社会民生的角度来看，我国城乡发展差距对意识形态的影响主要表现为社会利益配置的非均衡性。首先，在社会资源配置方面，城乡政府之间存在着较大的差异。一方面，受现实因素和国家政策倾向性影响，城市政府相较于乡村政府而言，往往具有更多的社会资源与政策制定权限。如新冠肺炎疫情暴发以来，国家各部门多次围绕患者救治、医务人员补助和防疫物资保障等民生相关问题下拨资金款项。受城乡之间的人口密度、医疗资源、交通优势、地理位置等因素影响，在新建医院项目建设、医疗设备采购等资源配置方面，城市地区具有更多的优势。另一方面，从行政区域的管理和统辖角度来看，城市政府能够在很大程度上影响到乡村政府的政治决策、经济决策、行政治理等方方面面。以乡村土地资源的流转现状为例，当前阶段，受城市化进程不断加速的影响，作为乡村发展之根本的土地资源被城市不断地征用及吸收。农民的土地权益没有得到合理的保障，很多农民既不能从土地流转的过程中获得大部分的利益，又因为丧失了赖以生存的土地资源而产生了生产、生活危机，这在客观上导致了意识形态的价值导向与社会生产生活实践中间发生了一定程度的不匹配，使人们对社会主义意识形态的持续认同背负了巨大而沉重的压力。意识形态是人在生产生活实践过程中形成的规律性总结和认识，其外在表达与内在机理应表现为统一而非断裂的平衡状态。因此，平衡好城市和乡村的社会资源配置差异性问题，是化解城乡意识形态认同困境的关键所在。

其次，在居民利益分配方面，城乡之间同样存在着较大的差异。这主要体现在居民收入分配差距过大、教育机会获得和劳动就业机会获得不均衡等方面。据国家统计局公布2020年全国居民人均可支配收入数据可知，城镇居民人均可支配收入43834元，农村居民人均可支配收入17131元。与2019年相比，城乡居民人均收入比值为2.56，比上年缩小0.08。从整体趋势来看，城乡收入差距呈现缩小态势，但速度并不明显。可以说，收入差距是城乡社会利益配置非均衡性的最显著的矛盾，也是一个关系到百姓切身利益的敏感问题。改革开放以来，我国城乡收入得到快速增长，城乡居民成为社会发展的最大受益者。但在"蛋糕"不断做大的同时，"蛋糕"分配时的城乡差距也在不断拉大。当人们对自己的实际收入获得与预期估量之间的认识存在较大的感知差距时，就会产生比较明显的不公正感以及出现相应的不满情绪。

公正作为社会主义的本质体现，是中国特色社会主义的内在要求，也是马克思主义作为一种科学理论和政治信仰的逻辑支柱。收入差距的不平等与不公正会不利于和谐社会的构建，可能引发严重的社会矛盾，甚至导致人们对社会主义的合理性产生怀疑。

最后，在社会利益分配方面，城乡之间的二元差序格局更为明显。这主要表现在城乡发展之间存在公共资源分配不平衡的问题。新中国成立初期，我国实行城市优先发展，进而带动农村发展的战略。为了满足这一战略目标的需要，逐步形成了以城乡分割为特征的二元公共服务体制。从整体来看，出于城市优先发展战略的考量，城市在公共服务供给、社会保障和福利等方面得到了更有利的资源配置。以城乡公共服务的供给差异为例，城市公共服务的产品多、范围广；与此相比，乡村居民的社会公共服务体系尚不健全，覆盖面也较为狭窄。以医疗保障制度为例，城乡居民在医疗报销范围和报销比例方面都存在一定差距。只有让国家发展的成果惠及每个人，才能使人民真正认同中国特色社会主义价值规范中的共有价值与规范取向，这对构建社会与政府之间的良性互动、消解社会冲突、增强民族凝聚力具有重要意义。

（二）区域发展不平衡削弱主流意识形态凝聚力

区域是指按照一定目的和原则划分的空间范围，根据不同标准，可被划分为自然区域、行政区域、经济区域和文化区域。从地理角度来看，我国幅员辽阔，空间跨度大，不同区域的省市地区存在着显著的资源差异和地域特色。因此，在改革开放之后，国家提出了"先富带动后富"的区域发展策略，希望能够大力发展具有地缘优势的东部地区。这一区域发展战略，是国家在承认地区发展存在自然、经济、地理、人力等要素不平衡的现实基础上，作出的符合我国当时经济发展情况的科学选择，也是有助于市场经济体制健康发展的政策支持。为此，国家设立了经济特区和沿海开放城市，给予了相应的政策及资源配置的倾斜。受优先发展东部地区区位优势的梯度发展政策指导影响，国家整体经济实力明显增强。东部地区作为改革开放的前沿地带，率先实现了迅速崛起，这为我国实现区域协调发展战略打下了坚实的基础。20世纪末，党和政府相继提出振兴东北老工业基地、西部大开发、促进中部地区崛起等国家战略，与东部率先发展战略共同构成了我国的四大板块区域发展战略。2013年以来，国家又相继提出了"一带一路"、京津冀协同发展、长江经济带、粤港澳大湾区等国家战略。从我国当前区域间发展形势来看，东部面临着全面的产业升级，长三角、珠三角、京津冀等地区稳步发展，创新发展日益彰显；中部地区发展态势较好，山西、河南正在推进产业转型，湖北、湖南、江西、安徽四省以长江为生态发展轴进入加速发展时期；西部总体形势向好，生态环境得到综合整治，脱贫攻坚顺利推进；东北地区经济增速比较缓慢，但已走出最困难时期，步入平稳健康发展轨道。[①]再从区域内部发展现状来看，同一区域的次级地区之间、同一城市的不同辖区之间也存在着较大的差异。我国京津冀地区的区域发展失衡问题就是一个典型的例子。从历史发展过程来看，京津冀三地原本具有不同的产业分布特色，即以第二产业为主导的河北省，以政治中心、国际交往中心、人力资本中心为核心优势的北京市，具有沿海港口和工商业优势、制造业优势的天津市。但在经济发展过程中，京津冀产业结构发生巨大变化，发展落差持续增大，甚至出现了"吃不下""不够吃"和"没饭吃"的发展失衡态势。特别是河北省，虽然具有东部沿海和环绕首都的显著优势，却因为需要承受京津地区的"虹吸"压力而存在着较大的发展困境。

目前，我国社会的主要矛盾体现为人民日益增长的美好生活需要

---

① 朱翔：《新时代中国区域发展大谋略》，湖南教育出版社2019年版，第9页。

和不平衡不充分发展之间的矛盾,区域发展不平衡就是我国主要社会矛盾的一个主要方面。区域间、区域内发展的不协调会带来如环境恶化、资源短缺、规模效益降低等与民生领域直接相关的显著问题,致使相应社会群体的自身生产生活现状与预期期望之间存在着较大的落差,进而导致社会主义核心价值观的社会融入难以顺利进行,并最终导致意识形态的悬置与社会价值取向的危机。例如,在一些涉及民生领域的公共服务供给方面,区域之间的差异会刺激相应的社会群体形成多元化的价值观念和社会思潮。历史经验证明,国家意识形态具有主导和支配非主流社会意识形态的地位与功能。如果不能让民众在日常生活中感受到国家意识形态的现实可行性,那么意识形态安全就将会遭受到强烈的信任危机。马克思指出,"思想"一旦离开"利益",就一定会使自己出丑。[①]一个国家,上到政府,下到人民,只有充分拥护国家政权,遵守国家的法律法规和相关政策,才能保证社会的和谐与稳定。因此,我们必须积极推进区域间和区域内部的协调发展,使其产生政治合力,共同推进各区域的协调发展,维护社会主义意识形态的主流地位。

(三)收入分配差距问题降低主流意识形态认同度

自党的十一届三中全会以来,中国共产党带领中国人民开启了改革开放和社会主义现代化的伟大征程,"以经济建设为中心"成了全党和全国的工作重心。改革开放以来,我国的社会生产力得到了持续解放和发展,社会主义制度的优越性也得到了充分彰显:用了几十年的时间,走过了西方发达国家几百年发展的历程;从一个积贫积弱的国家一举跃升为世界第二大经济体;人民生活水平得到极大提高,全面建成小

---

① 《马克思恩格斯文集》(第1卷),人民出版社2009年版,第286页。

康社会取得历史性成就；七亿多贫困人口成功脱贫，创造了人类历史上脱贫史的奇迹。特别是自新冠肺炎疫情暴发以来，以习近平同志为核心的党中央坚持生命至上、人民至上，全方面统筹疫情防控工作和经济建设发展目标，取得了经济发展的重大成果。2020年，我国GDP总量达到101.6万亿元，成为全球唯一实现经济增长的主要经济体，国家综合国力持续增强。与此同时，也需要承认，我国存在着收入分配差距较大的现实问题。据国家统计局数据显示，2019年全国居民人均可支配收入基尼系数①为0.465，处于被公认为"差距过大"的0.4—0.5区间中。对这一问题，应保持客观而审慎的态度。一方面，与世界上其他国家的不同发展历史时期相比，中国作为一个具有超大规模经济体量且正处于社会转型时期的大国，其基尼系数的相对偏高并非是特例，且自2009年开始就已呈现总体上保持回落的态势；另一方面，从改革开放时期开始，我国人民群众的生活重心实现了从政治领域向经济生活领域的转移，开始更加关注在收入分配领域中贫富差距悬殊的问题。

居民收入分配，作为宏观层面上最基础的社会民生问题之一，对国家意识形态安全具有重要影响。首先，居民收入分配关系社会的稳定。在现代社会生活中，社会秩序稳定的实现依赖于人民在具有普遍价值的共识基础上对各种制度化安排的接受和承认。如果说人民群众尚能比较容易地接受由于处于不同历史发展阶段所导致的国家之间，特别是发达资本主义国家和我国当前阶段之间存在的国民生活水平差距，那么，当制度安排在协调社会利益冲突而发生结构上的失灵时，

---

① 基尼系数是衡量居民间收入差距的综合指标。该指标由意大利经济学家基尼在20世纪初提出。社会中每个人的收入都一样、收入分配绝对平均时，基尼系数是0。全社会的收入都集中于1个人、收入分配绝对不平均时，基尼系数是1。现实生活中，两种情况都不可能发生。每个人的收入有多有少，差距大时，基尼系数就高，差距小时，基尼系数就低。基尼系数是根据洛伦茨曲线，即收入分布曲线计算的。

就会容易激化利益冲突,甚至引发民众对社会价值体系的怀疑和疏离,国家的意识形态安全会因此受到挑战和威胁。以香港地区为例,作为国际金融、贸易、航运中心,香港是璀璨的"东方之珠",但是自身的经济结构却存在巨大隐忧。很多日夜辛苦打拼的香港市民,却难以享受地区经济发展的红利,一家人终生居住在十几平方米的房屋中的情况并不罕见。与数百万基层市民的艰辛生活形成强烈反差,金字塔顶端的少数富人却过着普通人难以想象的生活。在浅水湾、太平山等别墅区,有每平方米上百万港元、总面积上千平方米的豪宅,住户在自家阳台上能欣赏日出日落,海滨沙滩近在咫尺。在那些为生计辛苦奔波的市民身边,就是数不清的奢侈品店,动辄数十万港元一餐的顶级餐厅,以及高耸入云的摩天大楼。近年来,香港地区人均收入分配的贫富差距在不断拉大。2018 年,香港人均 GDP 超过 38 万港元,稳居世界前 20 名,高于英国、加拿大、新西兰等经济体。然而,香港特区政府 2018 年 11 月公布的报告显示,香港贫穷人口攀升至 137.66 万,贫穷率达到 20.1%。2016 年,香港基尼系数为 0.539,较 2011 年的 0.537 上升 0.002,创 45 年来新高,也远高于 0.4 的警戒线。① 长久以来,香港地区存在着中产向下"沦陷",青年难觅上升通道,贫富差距加大,社会矛盾不断激化的结构性困局。这些矛盾不断聚集发酵,最终成为推动 2019 年"修例风波"演变为笼罩了整个香港"黑色风暴"的非政治性原因。自"修例风波"发生以来,暴力事件频发,不仅给香港的社会秩序及居民的日常生活带来了极大的干扰和破坏,重挫经济民生,致使"东方之珠"仍未摆脱回归以来最严峻局面,还对形成具有内聚力和广泛价值共识的社会秩序产生不利影响,进而成为一个威胁到国

---

① 资料来源:方栋、苏万明、朱宇轩:《贫富差距之痛——直面香港民生问题症结》,新华网,http://www.xinhuanet.com/mrdx/2019-09/22/c_138412145.htm.2019-9-22。

家意识形态安全的重大问题。

其次，收入分配差距问题容易导致国家认同危机。国家认同是个体在社会生活中产生的一种感情和意识上的归属感，是个体在一定的社会关系中确定自己的身份，自觉地支持国家的政治体系制度的情感和行为。任何一个民族国家的建立与发展，都不能脱离国家制度的建立以及国民对国家认同感的培育。没有国家制度的存在，爱国主义只是一种精神上的表现；没有个体对国家的拥护与热爱，建立的国家就不能保持长期的稳定和持续的发展。以我国农村内部存在的贫富差距扩大化问题为例，随着城镇化进程的不断加快，农村居民的收入分配结构呈现出多元化的趋势。同属于一个村落中的居民，可能由于资源禀赋差异、比较优势差异和际遇差异导致家庭收入呈现较大差距。有的居民可能背负着比较沉重的生活负担，如农民工失业者群体、农村残疾人群体等；有的居民可能通过征地拆迁、房屋出租的方式迅速致富，甚至是一夜暴富。显著的贫富差距将给村民带来心理上极大的不平衡，特别是由于政策选择而导致"同村不同命""同地不同价"的落差感，容易成为收入较低群体的心结。目前，民生领域的征地拆迁、就业社保等收入差距问题所产生的矛盾纠纷进入新集中多发期。在差异化的利益诉求与现实生活体验的影响下，由收入差距所带来的离散化倾向，会给一体化的国家政治结构带来严重挑战。

最后，收入分配差距问题容易影响中华民族的民族团结。受历史因素和自然地理条件制约，我国少数民族聚集地区的社会发展相对滞后，收入水平也明显低于其他地区。收入分配差距问题会影响少数民族地区居民的生活幸福感，也会影响他们对国家各项方针政策的认同程度。因此，收入分配差距不仅是一个单纯的经济问题，更是关乎国家社会和谐与稳定的问题。"少数民族地区与其他地区的收入分配差距受多种具体因素影响，如民族地区薄弱的经济基础、民族地区的人力资源水平、民族地区的交通不便、民族地区的资源使用、民族民众不合理的生产方式等。"① 长期以来，党和政府高度重视少数民族地区经济文化的发展，从财力、物力和人力上给予大力支持，民族地区的经济收入得到了大幅提高。但是，少数民族地区的收入水平与其他经济发达地区仍存在差距，还需要继续加大基础设施建设力度，认真贯彻落实好支持政策措施。从国家意识形态安全的角度而言，必须加快少数民族地区的经济社会发展，缩小民族地区的收入分配差距，从而不断增强少数民族地区居民的幸福感，进一步巩固和筑牢民族团结的思想基础。

二、警惕境外宗教的意识形态渗透

意识形态安全至关重要，它存在于一个国家的政治、经济、文化、社会等各个层面，关系到国家的政权是否稳定，社会主义的经济建设和文化建设是否有效，以及整个社会是否稳定等。改革开放以来，我国经济社会得到稳定持续的发展，西方国家对此十分警惕，不断加强对我国的意识形态渗透攻势，主要集中在思想、文化、宗教等方面，在社会中形成的影响威胁了我国社会主义意识形态安全。尤其是宗教领域的意识形态渗透，其势头之猛，已经到了不可忽视的程度，许多境外宗教势力在我国境内鼓动实施暴力恐怖事件，对我国社会的和谐稳定与国家的长治久安都造成了严重危害。

（一）境外宗教意识形态渗透的表现

随着东欧剧变、苏联解体，世界政治格局发生了巨变，西方资本

---

① 陈婷：《基于公民权利完善缩小民族收入分配差距》，《贵州民族研究》2017 年第 7 期，第 56—62 页。

主义国家对我国的意识形态渗透也从未停止。西方国家意识形态战略的手段和方式多样，境外宗教意识形态渗透便是其中之一。我国的边疆地区和高校是境外宗教意识形态渗透的首选目标。究其原因，我国是多民族的统一国家，分布在边疆的少数民族由于历史和地理等因素，与一些境外民族有着共同的宗教信仰，因此更容易受到境外宗教势力的煽动，动摇我国的意识形态安全，进而影响社会的和谐与稳定。此外，高校大学生正处于人生观和价值观形成的关键时期，涉世未深的大学生由于缺乏社会经验和警惕意识，十分容易成为境外宗教势力进行意识形态渗透的对象，受境外极端宗教思想影响，进而影响其思想健康。因此，我们必须警惕社会各领域存在的境外宗教势力以及其不法行为。

一方面，边疆地区是境外宗教进行意识形态渗透的主战场。境外宗教势力的价值观渗透对我国边疆地区的社会稳定造成了冲击与威胁。我国边疆地区的宗教文化历史久远，宗教信徒对自己的宗教信仰有着很深的价值认同。因此，许多境外分裂势力妄图利用这一特点，夸大信教民众与非信教民众的文化差异，弱化边疆地区人民对我国主流意识形态的认同度和归属感，主要通过以下两种手段。一是利用宗教团体。境外宗教极端势力传入后，与我国境内的民族分裂势力、暴力恐怖势力"三股势力"纠合在一起，利用宗教团体，举办各种非法活动，宣传民族分裂的思想，对边疆地区的和谐稳定造成了极大的威胁。[①] 二是操纵社会舆论。境外宗教势力对宗教团体予以充足的资金支持，帮助其在社会上传播民族分裂思想，甚至污蔑我国"破坏宗教信仰自由"，进而诋毁中国和中国制度，威胁我国的意识形态安全。近年来，互联网媒体的迅猛发展更加助长了不法分子的嚣张气焰，他们利用微博、

---

① 莫岳云:《抵御境外宗教渗透与构建我国意识形态安全战略》,《湖湘论坛》2010 年第 4 期,第 11—14 页。

微信等用户活跃度高的媒体平台，向民间传递大量带有西方色彩的价值观和宗教教义，试图借助宗教力量消解人们对社会主义国家的价值认同。

另一方面，高校是境外宗教对我国进行意识形态渗透的另一个主要领域。近年来，社会上的很多传教士都把目光投向了大学生群体。他们利用大学中举办的活动，与大学生沟通、交流，并在交流的过程中逐渐渗透其教义教规。在一些贫困地区，境外宗教势力会借资助贫困学生的方式壮大其宗教势力。他们将加入教会作为资助的一个条件，而很多贫困学生由于尚未形成完整的价值观，再加之感恩的心理，往往会陷入其铺设的陷阱中。有的大学外籍教师甚至会借上课或举办培训班的机会对学生进行传教渗透，在所谓"讲课"的过程中夹带西方的价值观念，他们利用学生对老师的信任，更便捷地进行意识形态的渗透，这会冲击大学生们原本认可的社会主义意识形态，消解青年群体对我国主流意识形态的认同度。境外宗教势力把高校作为其意识形态渗透的重要场所，这决定了对高校学生的意识形态教育是一项极为重要的工作，我们要重视在高校中出现的宗教活动，倡导积极健康的宗教关系，筑牢马克思主义意识形态的主体地位。

除了以上两个方面，当前境外宗教势力的意识形态渗透还存在于社会生活的众多领域，渗透的方式非常隐蔽，且手段、途径众多，影响深远。因此，我国必须不断加强对境外宗教意识形态渗透的抵御机制建设，完善对宗教事务的管理，密切关注可能会对我国社会安全造成威胁的不良苗头，筑牢维护我国意识形态安全的"防线"。此外，我们还要大力宣扬马克思主义宗教观和社会主义意识形态，加强对"四史"的学习，从根源上增进民众对社会主义意识形态的认同，维护我国的社会主义意识形态安全。

（二）境外宗教意识形态渗透的本质

近年来，基督教所信奉的"普世价值"在社会上广泛传播，我们稍不注意，就会陷入资本主义所营造的宗教陷阱中。境外宗教的传播范围和影响范围十分广泛，并且他们所传达的并不是宗教思想本身，而是一种带有资本主义色彩的价值观，它会渗透到政治、文化、社会等生活的方方面面，具有强烈的传播和同化的能力。因此，宗教常常与政治结合，成为西方发达国家进行意识形态渗透的工具。

当前，中国特色社会主义进入新时代，科技创新能力明显增强，在多个科技前沿领域实现从跟跑、并跑到领跑的转变，综合国力和国际地位明显提升。然而，这也使得西方国家在国际领域内不断加强对我国的抵制力度，同时在我国内部，西方国家也妄图通过宗教实现其意识形态渗透的目的。随着互联网技术的不断发展和全球化浪潮的广泛传播，境外宗教的渗透势头明显增强，他们利用网上教堂、电子教义等在国内的网站上大肆活动，试图通过潜移默化的影响，让政治敏感度不高的人群接受西方的价值观念，进而放弃社会主义意识形态的立场。尤其是在我国边境地区，美国打着维护人权和宗教自由的旗号，持续加大对我国西藏和新疆问题的干预。我国政策主张宗教信仰自由，但这一自由必须要在我国的法律规范下合理运行，不能成为境外宗教势力进行意识形态渗透的幌子。[①] 我们必须坚决维护《反分裂国家法》在宗教事务管理中的地位，坚决维护我国意识形态的安全。

西方国家对我国进行宗教渗透的目的非常明确，就是想通过宗教将

---

① 王达：《美国对华意识形态遏制升级的实质》，《马克思主义研究》2020年第4期，第148—157页。

西方的意识形态渗透进我国,进而分裂我国的领土,颠覆我国的政权,最终消灭社会主义制度。面对这一时代挑战,我们必须予以坚决回击,在做好对外防御性工作的同时,也要对内筑牢社会主义意识形态的核心地位。我们要积极推进民族间的融合发展,促进各民族间的沟通与理解。同时,我们要大力宣扬马克思主义宗教观和党的宗教政策,让国际国内各界增强对我国民族关系和宗教事务的了解,从而让我国的宗教事业在社会主义意识形态的引领下良好发展。

(三)马克思主义宗教观和党的宗教政策

宗教是什么?马克思指出:"宗教是人的本质在幻想中的实现"[①],马克思恩格斯在《德意志意识形态》中也提到了不是人们的意识决定人们的生活,而是人们的生活决定人们的意识。由此,在历史唯物主义的指导下,宗教从天国被拉到人间。但是马克思和恩格斯都认为,宗教是会长期存在于社会中的,并且我们不能强行去消灭它。宗教的消亡在于产生和引起这些幻想反映的异己力量的消亡,[②]而这恰好与马克思恩格斯所说的全人类解放的目标相契合,因此,我们要深入学习马克思主义宗教观,用科学的理论管理我国宗教事务,同时也要合理规划党的宗教政策。

新中国成立后,党和国家总结了对宗教事务管理的经验。我国明确规定,尊重和保护宗教信仰自由,但宗教的传播必须要在我国的制度框架下运行。党的宗教政策的发展可大致分为新中国成立后的探索与改革开放后的发展两个阶段。

---

① 《马克思恩格斯选集》(第1卷),人民出版社2012年版,第1—2页。
② 席大民:《马克思主义宗教观与党的宗教政策》,《思想理论教育导刊》2011年第9期,第29—33页。

新中国成立后的探索阶段。1952年10月8日,毛泽东同志在接见西藏致敬团代表时表示:"共产党对宗教采取保护政策。信教的和不信教的,信这种教的或信别种教的,一律加以保护,尊重其宗教信仰。今天对宗教采取保护政策,将来也仍然采取保护政策。"①1956年,周恩来同志在与外国伊斯兰教代表团交谈时也指出:"宗教在教义上有某些积极作用,对民族关系也可以起推动作用。"②新中国成立初期,党和国家就十分重视宗教问题,并且努力团结宗教界的人士,使其能够在社会建设中发挥积极作用。

改革开放后的发展阶段。1980年,邓小平同志在同班禅额尔德尼·确吉坚赞谈话时讲了一句话:"对于宗教,不能用行政命令的办法,但宗教方面也不能搞狂热,否则同社会主义,同人民的利益相违背。"③邓小平同志明确地指出了社会主义国家对待宗教的态度,我国实行宗教信仰自由的政策,但不是没有约束,更不是绝对的自由。社会主义国家的宗教必须要符合社会主义的核心利益,宗教事务要符合社会主义制度的要求才能不断促进宗教与社会主义社会相适应,维护社会主义意识形态的权威性和稳定性。

新中国成立70多年以来,党的宗教政策不断得到创新和发展,虽然其中也经历过一些挫折,但其中的经验和教训都成为党和国家制定宗教政策的重要依据。当前,依法管理宗教事务仍然是我国社会发展的重要任务。宗教事务在一定程度上能够影响社会整体的和谐与稳定。对宗教事务的管理并非权宜之计,而是建设社会主义现代化国家,维护我国主流意识形态安全的重要一环。

---

① 《毛泽东西藏工作文选》,中国藏学出版社、中央文献出版社,第88页。
② 《周恩来统一战线文选》,人民出版社1984年版,第308页。
③ 《邓小平思想年谱(1975—1997)》,中央文献出版社1998年版,第167页。

❖ **相关案例**

习近平在全国宗教工作会议上强调
坚持我国宗教中国化方向　积极引导宗教与社会主义社会相适应[①]

要全面贯彻新时代党的宗教工作理论，全面贯彻党的宗教工作基本方针，全面贯彻党的宗教信仰自由政策，坚持我国宗教中国化方向，积极引导宗教与社会主义社会相适应，提高宗教界自我管理水平，提高宗教事务治理法治化水平，努力开创宗教工作新局面，更好组织和引导信教群众同广大人民群众一道为全面建成社会主义现代化强国、实现中华民族伟大复兴的中国梦而团结奋斗。

党的十八大以来，党中央提出一系列关于宗教工作的新理念新举措，回答了新时代怎样认识宗教、怎样处理宗教问题、怎样做好党的宗教工作等重大理论和实践问题。必须深刻认识做好宗教工作在党和国家工作全局中的重要性，必须建立健全强有力的领导机制，必须坚持和发展中国特色社会主义宗教理论，必须坚持党的宗教工作基本方针，必须坚持我国宗教中国化方向，必须坚持把广大信教群众团结在党和政府周围，必须构建积极健康的宗教关系，必须支持宗教团体加强自身建设，必须提高宗教工作法治化水平。

要完整、准确、全面贯彻党的宗教信仰自由政策，尊重群众宗教信仰，依法管理宗教事务，坚持独立自主自办原则，积极引导宗教与社会主义社会相适应。要深入推进我国宗教中国化，引导和支持我国宗教以社会主义核心价值观为引领，增进宗教界人士和信教群众对伟

---

① 习近平：《习近平在全国宗教工作会议上强调 坚持我国宗教中国化方向 积极引导宗教与社会主义社会相适应》，《人民日报》2021年12月5日，第1版。

大祖国、中华民族、中华文化、中国共产党、中国特色社会主义的认同。要支持引导宗教界加强自我教育、自我管理、自我约束，全面从严治教，带头守法遵规、提升宗教修为。要培养一支精通马克思主义宗教观、熟悉宗教工作、善于做信教群众工作的党政干部队伍，让他们深入学习马克思主义宗教观、党的宗教工作理论和方针政策、宗教知识，不断提升导的能力。

三、提高保障和改善民生水平，推进主流意识形态认同

民生是主流意识形态话语权的培育增长点。[①] 我国主流意识形态的安全源于人民，只有人民充分认可和维护社会主义意识形态，维护党和国家的领导核心，才能保证国家意识形态的安全和地位。因此，提高保障和改善民生水平对维护和巩固国家意识形态安全至关重要。只有让改革发展成果更多更公平惠及不同地区、不同民族、不同行业的人，国家意识形态的宣传教育才能切实走入人们内心深处、激发人们情感上的共鸣和融通。

（一）加强社会保障体系建设

"社会主义的本质，是解放生产力，发展生产力，消灭剥削，消除两极分化，最终达到共同富裕。"[②] 解放生产力的前提，需要保护重要的生产要素——劳动者的基本生活需求以及劳动力生产与再生产等方面的需要，社会保障体系由此应运而生。社会保障的主要社会功能在于保护国民免受或减轻社会风险损害，其实质是指国家运用适当的制度

---

① 马兵：《基于民生的主流意识形态话语权构建的必要性》，《学理论》2019 年第 4 期，第 40—41 页。

② 《邓小平文选》（第 3 卷），人民出版社 1995 年版，第 373 页。

形式对社会风险进行预防和分担，为国民的生存与发展提供安定和谐的社会经济环境的非营利性社会、经济制度。国家意识形态安全的实现依赖于良好的国家治理体系和社会治理实践。完善的社会保障体系所体现的制度有效性与价值引领性的有机统一，将为社会稳定的实现提供强大的实践支撑力量。十九大报告指出，我们要全面建成覆盖全民、城乡统筹、权责清晰、保障适度、可持续的多层次社会保障体系。加强社会保障体系建设是维护国家意识形态安全的坚实基础。

"覆盖全民、城乡统筹"目的是要让全体人民都能平等地享有社会保障的权利，破除城乡间的身份差异。当前时期，我们国家的社会保障体系已基本达到全民覆盖，需要根据实际情况探索进一步完善该体系的路径。第一，继续推进政策性农业保险，可以在一定程度上有效应对农业生产及国际贸易中可能出现的各种风险，减轻由于中美经贸摩擦和新冠肺炎疫情传播带来的冲击，减少自然灾害和市场的不稳定性对农业生产造成的不利影响，促进农业和农村经济持续稳定发展。第二，要进一步完善农村社会养老保险制度。目前，我国农村面临着人口老龄化趋势加快、集体经济组织功能不断削弱，土地和家庭养老功能日益弱化等现实挑战。为此，不仅要强调农村养老保险制度的全民覆盖力度，逐步提高保障标准和水平，还应针对农民工、失地农民、失独农民等特殊群体建立相应的养老保险制度。第三，要持续推进农村社会医疗保险制度的完善。2020年，是中国脱贫攻坚战的圆满收官之年，但这并非意味着国家脱贫工作已完全结束，继续巩固拓展脱贫成果的任务依然艰巨。根据对以往的农村贫困户建档立卡数据进行分析，不难发现，"因病致贫""因病返贫"成为农村居民致贫和返贫的主要原因。应对"八年脱贫奔小康，一场大病全泡汤"，建立和完善农村社会医疗保险制度，是帮助广大农村居民有效应对疾病、伤病等社会风险的现实需要。第四，要继续探索和完善如失业保险、工伤保险、生育保险和重大突发性事件保险等其他农村社会保险项目。国家需要继续出台相关政策，加强立法保障，扶持乡村社会保障体系的发展，加快推进乡村振兴战略，借助技术、人才、资金等方面的共享，实现城乡融合发展。历史和现实充分证明，市场化的深入推进带来的经济基础的剧烈变革给国家的上层建筑领域带来了新的挑战，农村地区首当其冲地承受了这一挑战所带来的变化。如果不能在社会保障体系层面实现全民性、统筹性的城乡规划，就容易在社会主义实践与制度构建之间出现疏离与脱节，进而陷入意识形态认同的困境之中。

"权责清晰、保障适度、可持续的多层次社会保障体系"强调了我国社会保障体系发展要符合不同区域的差异化需求。"权责清晰"，就是要明确政府和用人单位、个人、社会三方之间关于社会保障问题权利、义务和责任的关系。只有确保权责清晰，社会保障体系的建设才能长期稳定地发展。"保障适度"，就是要根据现阶段我国的经济发展水平，合理规划各区域的社会保障水平。社会保障体系作为兜底性的社会服务，目的是保障人民最基本的生活需求。这既是促进经济社会发展、提高广大人民生活水平的现实需要，也是实现社会公平正义、维护社会和谐稳定的客观要求。"可持续的多层次社会保障体系"，意味着社会保障体系的顶层设计要周全考虑社会经济发展与社会服务兜底保障功能的平衡，特别是社会保障体系的可持续发展。建立多层次的社会保障体系，能够充分地调动不同主体的力量，实现社会保障资源的有效合理配置，进而拓展社会保障体系的制度空间与覆盖效率。社会保障体系作为具有二次分配功能的公益性社会服务，既能弥补以追求经济效益为中心的市场化改革所衍生出的一系列民生难题，还能搭建起马克思主义信仰与以此原则指导下建构的社会制度事实之间的桥梁，把全体人民纳入统一的社会主义实践过程中，进而真正实现国家意志的"大众化"。从这一角度而言，完善的社会保障体系也是避免社会主义信仰危机出现，即防止国家意识形态在基层社会中虚无化现象发生的重要保障。

（二）提高就业质量和人民收入水平

自改革开放以来，我国经济持续快速增长，经济总量达到世界第二，但受经济体制改革进程与经济发展阶段等多重因素的影响，推动更高质量就业的实现也出现了一系列的新情况和新问题。如人口老龄化程度加深、劳动者和职业匹配度有待提高、中高端劳动力需求不断增加、农村剩余劳动力供给有限、摩擦性失业、结构性失业等挑战也屡屡出现。就业是民生之本，不仅能为劳动者及其家庭提供生活上的保障，还是满足个人实现人生价值和社会价值的重要途径。从这一角度而言，就业也是安国之策，关系到国家和社会能否实现持续稳定的发展。在当前时期，只有确保人民群众的就业质量得到切实提升，才能增强人民在生活中的幸福感、安全感和归属感。这不仅是为了满足人民群众在改善物质生活条件方面的愿望，还关涉到个体的精神生活与理想信念呈现何种面貌的重要问题。需要承认，国外多种社会思潮和多元价值观的进入，冲击了当前国家意识形态教育工作的实际效果。国内社会主义实践中存在的理论与实践的脱节现象，也在一定程度上降低了社会主义意识形态的价值导向作用。外部和内部环境的双重变迁带来的国家认同压力正在不断提升，提高就业质量和人民收入水平正是解决问题的关键所在。习近平总书记指出："就业是最大的民生。要坚持就业优先战略和积极就业政策，实现更高质量和更充分就业。"[①] 为此，在考虑增加工作岗位数量的同时，应该对包括企业用工规范、

[①] 习近平：《决胜全面建成小康社会夺取新时代中国特色社会主义伟大胜利——在中国共产党第十九次全国代表大会上的报告》，新华网，http://www.xinhuanet.com/2017-10/27/c_1121867529.htm.2017-10-27。

劳动关系稳定性、就业保障等就业质量方面的问题予以进一步的关注。在就业保障方面，要落实同工同酬、同城同权的就业保障，促进城乡劳动者的待遇更加平等。只有在具体的就业措施上得到保障，人民才能真切地感受到社会公平，才能打心底里认可社会主义制度，坚定跟党走的决心。

中国特色社会主义进入新时代，国家的主要矛盾已经发生转变。当前，我们已经解决了人民的温饱问题，取而代之的是要满足人民群众对更高水平生活的需要，这就意味着要解决好收入分配差距的问题。根据前文所述，城乡间、区域间、行业间的收入分配差距较大，主要表现为相对贫困代际传递现象严重、教育发展滞后、就业不够充分等直接威胁人们收入水平的现实问题。收入分配问题深植于人们日常生活中的方方面面，是民生领域中影响人心凝聚与社会团结的重要议题，为社会秩序的形成奠定物质和精神基础，也是国家认同感得以培育和养成的物质与精神基础。如果不能充分地提高民众的获得感，放任贫富差距进一步扩大，就可能弱化国家认同，甚至瓦解社会价值共识。为了解决这一问题，应营造机会公平的竞争环境，维护劳动收入的主体地位，为收入二次分配提供物质基础；建立以按劳分配为主体、多种分配方式并存的收入分配制度体系，完善以税收、社会保障、转移支付为手段的二次分配机制；提高公共资源配置效率，缩小城乡、区域、行业的收入分配差距；规范收入分配秩序，推动合理的初次分配和公平的再分配，形成高收入有调节、中等收入有提升、低收入有保障的局面，提高社会流动性。[①]2020年，我国已经实现了全面建成小康社会的百年目标。这一目标的实现增强了人民对中国特色社会主义共同理想和共

---

① 任保平、赵通：《高质量发展的核心要义与政策取向》，《红旗文稿》2019年第13期，第23—25页。

产主义远大理想的强烈信心，筑牢了社会主义意识形态的权威性和领导地位。继续推进妥善解决收入分配差距问题，有助于人民群众在社会生活领域形成对中国特色社会主义理论体系基本观点与主张的认同情感与遵从态度，相信每个人自由而全面发展的共产主义社会不是遥不可及的乌托邦，而是能在生产生活中点滴积累所形塑的现实。

（三）加强预防和化解社会矛盾机制建设

和谐稳定的社会秩序是维护国家主流意识形态的根基，营造良好的社会环境需要处理好复杂的利益矛盾与利益冲突。利益是个人和社会群体追求的目标，是人们行为活动的基本动力。人与人、群体与群体之间的利益关系往往纵横交错。不论是在城市还是乡村、工作还是生活中，都存在着矛盾。矛盾预防和化解得越好，社会主义意识形态就越能得到弘扬，如果解决不好，就会对社会稳定产生不利影响。因此，我们要准确判断社会矛盾的发展和变化，对产生的利益差别和利益冲突进行及时预判和化解。

首先，要建立通畅的利益诉求机制，保证公民能够多渠道参与政治事务，提高公民政治参与的积极性。只有当人民群众切身参与到政治事务中，才能对国家政治体制的运行模式和价值体系形成清晰而明确的认知，使人们在共同的价值体系中形成强大的国家认同感。为此，应主要从效率和途径两个方面进一步完善通畅的利益诉求机制。一方面，高效的利益诉求机制意味着人民的利益诉求要严格依据法律和规章制度进行，其合法权益也要受到法律和规章制度的保护。另一方面，没有利益表达渠道的畅通无阻，没有完善的利益表达制度体系，就不能实现各利益群体之间的协调，更谈不上实现消解利益冲突的目的。

其次，要确保多元利益主体之间的权利均衡，防止利益博弈中强势利益群体的"权利强势"和弱势利益群体的"权利失语"。在经济社会发展的过程中，由于种种原因，利益主体间的贫富分化已成为客观现实，其实质反映的是不同利益群体在争取实现自己利益的过程中权利失衡的现实。如果在权力公共性缺失的政治环境中，这种权利失衡的现实将进一步恶化，并促成利益的失衡演化为利益的冲突。可见，确保利益主体间的权利均衡，对于实现利益协调、消解利益冲突同样具有十分重要的意义。①

再次，要完善心理疏导机制建设。在社会思潮多元化的态势下，不同的价值观念相互碰撞，如城乡矛盾、区域间矛盾等多种社会矛盾容易导致人产生心理失衡问题，为维护社会秩序稳定留下隐患。因此，完善心理疏导机制对维护国家意识形态的安全至关重要。应加强建设基层的心理疏导服务体系，将心理服务纳入基层公共服务的范畴中，注重对心理健康重要性的宣传和教育。同时，要特别注重特殊群体的心理健康问题，基层领导干部和乡村医生要主动了解困难群体的心理状况，及时进行帮扶引导。例如，在新冠肺炎疫情期间，很多小微企业员工、个体工商户与农民工因疫情影响无法顺利返岗返工。他们不仅面临着防范疫情的挑战，还要考虑家庭生存与个人发展的问题。紧张、焦虑的负面情绪不仅容易引发心理问题，还可能使其质疑甚至疏远制度体系的内在价值准则，以至于降低他们对中国特色社会主义制度的认同度。因此，需要民政部门、街道社区及时开展心理健康疏导工作，把安抚居民心理同步纳入服务范围。这将对稳定社会秩序、促进社会团结、凝聚社会共识起到重要作用。

最后，要扎实推进共同富裕的目标要求。习近平总书记指出："现在，已经到了扎实推动共同富裕的历史阶段。适应我国社会主要矛盾

---

① 冯宏良：《国家意识形态安全与马克思主义大众化》，天津人民出版社 2017 年版，第 123—124 页。

的变化，更好满足人民日益增长的美好生活需要，必须把促进全体人民共同富裕作为为人民谋幸福的着力点，不断夯实党长期执政基础。"①我国是社会主义国家，实现全体人民共同富裕是社会主义的本质要求。当前，我国已经全面建成小康社会，现行标准下，9899万农村贫困人口全部脱贫，832个贫困县全部摘帽，区域性整体贫困得到解决，为促进共同富裕创造了良好条件。西方大国的经验教训表明，贫富分化会对人权的享有和实现产生严重的负面影响，会导致社会持续动荡不安；贫富差距扩大将会导致社会意识形态分裂，政治极化与民粹主义泛滥，无法有效凝聚社会共识。因此，在发展过程中，我们要坚决防止两极分化，促进共同富裕。当然，实现共同富裕不能一蹴而就，而是要分阶段、多领域进行，要借助政府和社会的力量，让先富带动后富，逐步缩小收入差距。同时，除了促进人民物质生活的共同富裕，我们还要注重加强人民精神上的共同富裕，强化社会主义核心价值观的引领作用，加强爱国主义、集体主义教育，为共同富裕提供良好的舆论环境，同时也为维护我国意识形态安全提供强大的精神力量。

四、全面贯彻党的宗教政策，维护国家意识形态安全

自新中国成立以来，中国共产党人就面临着如何对待宗教信仰的问题。马克思主义理论坚持唯物主义无神论的思想，但我们又必须认识到宗教会长期地存在于中国社会之中。因此，党和国家对宗教事务的管理也是一个常态化、持久性的工作，必须全面贯彻党的宗教政策，依法管理宗教事务，构建积极健康的宗教关系，积极引导宗教与社

---

① 习近平：《〈求是〉杂志发表习近平总书记重要文章 扎实推动共同富裕》，《人民日报》2021年10月16日，第1版。

主义社会相适应，维护我国的意识形态安全。

（一）依法加强宗教事务管理

根据依法治国的要求，我们要不断完善宗教法治建设，宗教事务不仅仅是个人信仰问题，当信仰外化为行为，宗教信仰就和其他社会活动一样，具有社会属性，必须在法律的框架内运行，依法对其进行约束和规范，我国宗教法治的建设时间比较短，因此必须要严格依照依法治国的要求，不断提高依法管理宗教事务的能力。

我国奉行宗教信仰自由的政策，但这种自由不是无条件的自由，更不是不受管控的自由，而是有限制、有范围的自由，处理宗教事务也必须严格依照法治要求。同时，宗教问题本身具有一定的复杂性，它涉及不同宗教间甚至不同民族之间的关系问题，因此，需要考量众多的现实问题。宗教是人创造的，宗教的产生体现了人的主体性，所以我们要切实倾听群众的需求，特别是宗教界人士和信教群众，要站在群众的立场上结合群众的需求做出与时俱进的法治工作。只有这样，人们才能从心底里认可和拥护法律，依法管理宗教事务的工作才能顺利开展。

此外，对宗教事务的法治化管理要具体问题具体分析，"因地制宜"地进行管理。在广大农村地区，要严格落实好宗教工作责任制，事实上，农村地区建有很多教堂，但除了信教人员，很多人都忽视了这一事实，尤其在管理上，也并没有给予充分的重视，这就为很多传教人员宣传违背主流价值观的思想提供了空间。因此，对基层地区宗教事务的管理，是有效防止宗教势力渗透的重要一环。我们要加强对基层地区宗教事务的法治化管理，在少数民族地区要依法打击企图利用宗教对我国进行意识形态渗透进而破坏我国主权的行为。除了对违法活动的严厉打击之外，我们更要注重我国宗教政策的实施，要向广大信教群众传播马克思主义宗教观，扩大主流意识形态的影响力，让宗教在法治下、在社会主义意识形态的引领下有序运行。

（二）构建积极健康的宗教关系

在我国，宗教关系都包括哪些？习近平总书记指出："在我国，宗教关系包括党和政府与宗教、社会与宗教、国内不同宗教、我国宗教与外国宗教、信教群众与不信教群众的关系。促进宗教关系和谐，这些关系都要处理好。"① 当然，构建积极健康的宗教关系有一个前提和基础，就是必须坚持中国共产党的领导。同时，还要坚持宗教信仰自由和政教分离的宗教政策。

一方面，我国坚持政教分离的宗教政策。我国明确规定，实施宗教信仰自由的政策，但是宗教活动必须要符合法律规定，在法律允许的框架下运行，且不能扰乱社会秩序，不能干预国家行政事务的正常开展。因此，国家和政府要依法对宗教事务进行管理，我们必须不断完善宗教相关的法律法规，依法调节由宗教产生的各种社会关系，提高我国宗教管理的法治化水平。

另一方面，我国坚持宗教信仰自由的宗教政策。我们要明晰信教群众与不信教群众之间关系平等，信教群众也依法享有公民拥有的合法权益，我们要保护其合法权益，同时引导广大信教群众正确认识法律法规和教义教规的关系，形成正确的宗教观。

构建积极健康的宗教关系，还必须坚决抵御国内外敌对势力、邪教组织和非法宗教活动的影响渗透。随着中国特色社会主义事业的蓬勃发展，国际国内形势发生了明显的变化，宗教领域也出现了一些较

---

① 习近平：《全面提高新形势下宗教工作水平》，新华网，http://www.xinhuanet.com/politics/2016-04/23/c_1118716540.htm.2016-4-23。

为复杂的问题，包括非法传教活动、境外宗教渗透等。我们必须保持高度的警惕，坚决抵制西方资本主义国家试图利用宗教势力分裂我国主权的行为。同时，我们也要采取恰当的方式方法，使宗教沿着健康的方向发展。近年来，互联网领域发展迅猛，网络成为境外宗教势力进行意识形态渗透的重要阵地，因此，我们必须高度重视在网络上进行的宗教活动，充分利用好现代传媒，比如微博、微信等自媒体平台，不断构建积极健康的宗教关系。

❖ **知识拓展**

宗教关系积极健康[①]

国务院新闻办公室发布的《中国保障宗教信仰自由的政策和实践》白皮书充分体现了我国现阶段如何构建积极健康的宗教关系。

一是正确处理政府与宗教的关系，依法对涉及国家利益和社会公共利益的宗教事务进行管理，但不干涉宗教内部事务。

二是正确处理社会与宗教的关系，积极引导宗教与社会主义社会相适应。

三是正确处理信教公民与不信教公民间的关系，信教公民和不信教公民享有同等政治及经济社会文化等方面权利。

四是正确处理信教公民间的关系，公民有信仰某一种宗教的自由，也有在同一宗教中信仰某个教派的自由。

五是正确处理国内不同宗教间的关系，国家对待各宗教一律平等，一视同仁，不以行政力量发展或禁止某个宗教，任何宗教都不能超越

[①] 资料来源：中华人民共和国国务院新闻办公室，http://www.scio.gov.cn/ztk/dtzt/37868/38146/index.htm.2018-4。

其他宗教在法律上享有特殊地位。

六是正确处理中国宗教与外国宗教间的关系，支持和鼓励各宗教在独立自主、平等友好、相互尊重的基础上，开展对外交流交往，建立、发展、巩固同海外宗教界的友好关系。

（三）积极引导宗教与社会主义社会相适应

习近平总书记强调："积极引导宗教与社会主义社会相适应，坚持我国宗教的中国化方向。"① 我们要深入学习贯彻习近平总书记的讲话内涵，积极引导宗教与社会主义社会相适应。首先，我们要理解"相适应"的含义。"相适应"是指在我国，宗教要符合社会主义社会的发展方向，二者不是并行发展的，而是要求宗教要适应社会，不可以是社会适应宗教。其次，"相适应"也表明了当前阶段，我国进入了新时代，国家治理能力得到了明显提升，宗教事务是可以与社会主义社会相适应的。宗教教徒可以有自己的宗教信仰，但同时也要有坚定的政治信仰，二者是不构成冲突的。社会主义国家宗教教徒要坚定维护党的宗教政策，拥护中国共产党的领导，拥护祖国统一和民族团结。

宗教是西方国家对我国进行意识形态渗透的一个重要渠道，因此我们必须牢牢掌握对宗教事务的管理，深挖宗教中的文化渊源以及与传统文化的共通之处，不断促进宗教与社会主义社会相适应。我国宗教历来与中华文化相融相生。各大宗教传入中国之后，最终都会与中华文化紧紧融合在一起。比如，佛教传入中国已经两千余年，基督教、天主教在传入中国后也逐渐与中国文化融合在一起，成为一项独立自主自办的事业。在宗教的历史演进中我们不断总结其发展规律，尤其是宗教对意识形态和国家安全的影响，不断调整社会主义宗教事务的

---

① 习近平：《习近平谈治国理政》（第3卷），外文出版社2020年版，第31页。

管理政策，让宗教与社会主义社会相适应，并发挥其正向、积极的引导作用。

当前，全球化进程不断加深，互联网、媒体等新兴技术迅猛发展，透过宗教所进行的意识形态渗透又有了新的表现形式，这无疑又增加了对宗教管理的立法需求。我们必须不断在实践中完善对宗教事务的法治化规范，从而化被动为主动，在长远的发展中维护我国主流意识形态安全。

经典案例

新疆开展职业技能教育培训工作[①]

新疆是中国反恐、去极端化斗争的主战场。一段时期，新疆深受恐怖主义、宗教极端主义之害，人民生命安全受到严重威胁。新疆坚持标本兼治，打击与预防相结合，通过依法设立职业技能教育培训中心，开展职业技能教育培训工作，着力消除恐怖主义、宗教极端主义滋生蔓延的土壤和条件，有效遏制了恐怖活动多发频发势头，最大限度保障了各族人民的生命权、健康权、发展权等基本权利，取得了反恐、去极端化斗争重要阶段性胜利。

……

实践证明，新疆开展教培工作，有效消除了恐怖主义、宗教极端主义滋生蔓延的土壤和条件，切实保障了新疆各族人民的生命权、健康权和发展权，不仅使新疆实现了社会稳定，也有力维护了地区安全和稳定。这一做法完全符合国际社会反恐、去极端化的基本精神和基

---

① 资料来源：中华人民共和国国务院新闻办公室，http://www.scio.gov.cn/zfbps/ndhf/39911/Document/1662044/1662044.htm.2019-8-16。

本原则，完全符合世界各国人民的根本利益和要求。

新疆开展教培工作，目的在于从源头上消灭恐怖主义、宗教极端主义，完全是尊重和保障人权之举。国际上一些别有用心的人，出于意识形态的偏见和不可告人的目的，以各种方式对新疆教培中心进行污名化，企图否定新疆为反恐、去极端化付出的巨大努力，这是新疆各族人民绝不能答应的。国际上有的国家、组织或个人在反恐、去极端化问题上搞"双重标准"，说到底是对恐怖主义、极端主义的袒护、纵容，严重违背了国际道义和人类良知，为一切善良和正义的人们所不齿。

面对恐怖主义、极端主义对人类的严重戕害，面对反恐、去极端化这一世界性难题，新疆各级政府以高度负责任的态度，积极借鉴国际经验和做法，通过开展教培等工作，取得了反恐、去极端化斗争的重要阶段性胜利，新疆的做法理应得到国际社会的理解和尊重。

第七章

生态领域国家意识形态安全建设的挑战及应对

生态领域的意识形态安全问题在社会主义现代化强国建设中意义重大，但由于生态意识形态问题具有较强的隐蔽性，其重要性常常被人忽视。社会主义生态文明观除了包含生态文明建设的一般要求外，还具有社会主义属性的更高要求，体现出社会主义意识形态属性。社会主义生态文明观将"三个有利于"作为生态文明建设的宏观评判标准，即社会主义生态文明建设需要有利于发展社会主义社会的生产力，有利于增强社会主义国家的综合国力，有利于提高人民的生活水平。社会主义生态文明观不同于其他主义的生态文明观念，这是意识形态问题在生态领域的体现。在我国进行生态文明建设，需要以方向正确、符合最广大人民群众根本利益的社会主义生态文明观指导实践，以生态领域意识形态安全巩固国家意识形态安全。

一、生态环境问题归根结底是发展方式和生活方式问题

（一）社会生产领域的生态意识形态安全挑战

1. 割裂生态文明建设与经济社会发展错误观念的阻碍

工业革命是一把"双刃剑"，既带来了生产力的飞速发展，也在一定程度上带来了环境污染与生态破坏。"先污染，后治理"的西方发展思想在过去较长的时间里一直影响着我国的经济发展方式，将完成经济社会发展的主要目标建立在了耗费自然资源、破坏生态环境的基础上。但与之相伴的却是国内生态环境问题的不断出现。雾霾天气严重影响

人民生活质量、垃圾处理不当导致土地污染、生物多样性减少，等等。我们清晰地认识到：为追求经济增长而不惜牺牲生态环境与人民生活水平的道路不可取，这条发展道路在社会主义中国行不通。环境污染和生态破坏不是经济发展的必经阶段，生态环境保护和经济发展之间并没有相互冲突、不可调和的矛盾。

关于经济发展与生态文明建设之间的关系，存在不同观点的环境主义思潮。例如，浅层生态学从人与自然割裂的视角，认为人类保护环境的目的不在于环境本身，而在于环境对人类社会具有价值；如果生态环境对人类的生存发展失去了应有的价值，生态环境的保护也就失去了意义。与之相反，生态社会主义反对"唯生产力论"，认为生态环境问题高于经济发展。无论是片面追求经济社会发展，还是片面追求生态文明建设，这两种观点都没有正确认识和科学处理经济发展与生态保护之间的辩证关系，没有实现发展社会主义社会的生产力和提高人民生活水平的统一。经济社会发展与生态环境保护并非绝对的对立关系，保护生态环境也并非一定要限制经济增长。为了实现工业文明向生态文明的顺利转变，习近平总书记多次强调"绿水青山就是金山银山"的发展理念，阐明了生态保护与经济发展的辩证关系，为我国生态文明建设提供指导。

❖ **相关链接**

"绿水青山就是金山银山"科学理念在浙江省开花结果 [①]

浙江省干部群众以"绿水青山就是金山银山"理念为指导，把美丽浙江作为经济社会发展的底气与目标。在实践探索中大致经过了三个阶段：第一阶段，从靠山吃山到养山富山。用绿水青山换金山银山的

---

① 资料来源：新华网，http://www.xinhuanet.com/politics/2015-02/28/c_1114474192.htm.2015-2-28。

传统做法使得生态环境遭到破坏,开始转变发展思路。第二阶段,生态红利催生自觉行动。经过实践探索,人民群众从科学发展理念中获益,生态环境保护的主动性和自觉性不断提高。第三阶段,生态引领全域提升。浙江省作为该科学理念的先行者与受益者,不仅通过生态建设推动社会其他领域的发展,而且对其他地区的经济发展与生态建设起到了良好示范作用。

2. 新自由主义错误思潮在生态环境领域的侵蚀

新自由主义思潮作为资本主义意识形态,强调自由市场在经济发展中的重要作用,反对政府干预,其私有化、市场化、全球化的思想集中体现了资产阶级的利益诉求。随着资源有限与人类需求无限之间的矛盾不断加深,新自由主义思潮出现在生态环境领域并不断侵蚀社会主义生态文明观。面对有限的自然资源,新自由主义主张将自然资源变为私有财产,并通过市场自由竞争的方式进行自然资源的交易买卖。一方面,自然资源与生态环境具有公共性与整体性,如果自然资源与生态环境实现了私有化,资源所有者在利润最大化原则支配下,定会将经济性而非生态性作为首要的价值衡量标准。例如,在私人利益最大化原则下,森林资源将逐渐被经济作物所代替,社会森林资源减少,生态环境面临的风险就会进一步提高。此外,自然资源的市场化交易会导致资源兼并,使得越来越多的自然资源集中在少数人手中,在客观上增加了生态环境的不确定性和生态危机爆发的风险。另一方面,从全球范围考虑,如果实现自然资源的私有化,发达国家将会凭借其在经济、政治等方面的优势在全球生态系统中占据有利地位,加剧全球发展的不平等。显然,新自由主义倡导的将自然资源私有化、市场化符合资本主义的发展逻辑,而与社会主义生态文明观相悖。社会主义生态文明观考虑的是最广大人民群众的根本利益,将自然资源看作人民群众共同的自然财富，主张在公平原则基础上开发使用，实现资源的优化配置，避免资源集中垄断，从而促进代内和代际公平。

3.无政府主义否定政府在生态文明建设中的主导作用

无政府主义具有"重个体、轻政府"的特点，是指反对政府的统治和权威，提倡实行个体之间的互助的思潮。由于生态环境具有明显的公共性和外部性，生态文明建设不能单独交由市场发挥作用，不能任由营利性的个人或组织操纵生态环境建设，政府在其中的主导作用必不可少。如果生态文明建设全部交由市场管理，市场个体在经济利益的驱动下，一方面，往往会将生产的环境成本向社会转移，从而产生"公地悲剧"；另一方面，往往用经济价值标准审视生态文明建设，对经济收益成效又高又快的领域投资较大，而对经济收益成效低且见效慢的领域投资较少，从而导致生态文明建设领域资源配置不合理，生态文明建设的"硬骨头"得不到改善与解决。因此，政府在生态文明建设中的主导作用不能动摇，要发挥好政府在美丽中国建设中的指挥棒作用和责任人职责。但是强调政府在生态文明建设中的作用并非是否定市场的作用。如果将生态文明建设看作仅由政府管理的公益性事业，忽视市场的能动性与活力，那么生态文明建设就会陷入死板、僵化的状态，可能会出现政府决策成本过高、政府决策效应滞后等问题。所以，生态文明建设既不能秉持无政府主义，即反对政府在生态环境治理中的主导作用，又不能放弃调动市场主体进行环境保护的自主性与自觉性。在尊重客观经济规律的基础上实现政府与市场的协调统一，是社会主义生态文明建设需要处理好的重要议题。

（二）社会生活领域的生态意识形态安全挑战

1.消费主义增加生态文明建设压力

消费主义作为西方资本主义的一种意识形态表现，是指毫无约束地耗费物质财富和自然资源,并将个人的物质满足和快乐放在首位的消费思潮,是一种不合理的消费观念。随着消费主义的生活方式在社会中蔓延,拜金主义、享乐主义等错误思潮不断侵蚀民众的价值观念,影响人们的行为习惯,导致出现过度消费的现象,徒增生态环境保护和生态文明建设的压力。例如,部分群体为了彰显其强大的经济实力和消费能力,情愿出高价购买较为稀缺的物品,导致出现"虎死于皮,鹿死于角"等问题;为了所谓的"牌面",出现"天价酒席"等现象。挥霍性、铺张性、奢侈性消费既是消费道德的缺失,又是生态道德的缺失。消费主义与我国提高消费在经济增长中的贡献率不同,前者的消费没有限度,追求的是无节制的物质享受和消遣;后者是在尊重经济发展规律和生态发展规律基础上的适度消费和绿色消费。消费主义没有考虑生态环境承载力等现实因素,不符合人民群众的根本利益。如果对消费主义思潮不加管控,不但会增加生态文明建设压力,而且会影响生态领域的意识形态方向,导致错误的意识形态思潮产生。

2. "人类中心主义"生活观念对自然的盘剥

"人类中心主义"是将人看作其他一切事物的中心的学说,体现在生态领域,即主张人类优于自然的错误与短视之见,是与社会主义生态文明观相悖的一种生态意识形态思潮。在人与自然生态的关系中,人类中心主义认为人类是世界的主宰,自然生态是人类社会的附庸。人类为了满足自身的生存和发展需要可以不断从自然生态中汲取养分,甚至可以不惜牺牲生态环境。人类中心主义只看到了人类社会对自然生态的单向获取关系,没有看到自然生态对人类社会的反作用,不了解人与自然生态是双向互动的关系。人类依赖并作用于生态环境,生态环境对人类具有反作用。与人类中心主义不同,社会主义生态文明观主张人与自然和谐共生,人与自然生态不是利用与被利用、破坏与被破坏的关系,而是共荣共生的关系。

3. 狭隘的生态保护主义影响人民群众生活

狭隘的生态保护主义是形而上学的生态观，没有辩证地对待生态文明建设与提高人民生活水平之间的关系。狭隘的生态保护主义仅从生态环境保护的立场出发，采取机械的、僵硬的生态环境保护目标与措施，忽视当地人民群众的实际生活需要、实际生存条件以及目标实现的可行性等问题。在生态建设的重点地区，一般通过发展生态产业和旅游业等推动当地经济发展，但与其他经济产业相比，生态产业的经济效益相对不高，存在不能满足当地居民经济发展需求的情况。如何实现生态扶贫、如何安置生态脆弱区的居民、如何落实生态保护补偿机制等一系列难题，是狭隘的生态保护主义极少涉及的问题，也是社会主义生态文明建设要解决的重点问题。社会主义生态文明建设要求兼顾生态利益和人民群众的根本利益，尤其是要照顾为生态环境保护做出较大牺牲的生活贫困者，使最广大人民群众都能够共享生态福利。例如，江西省抚州市资溪县当地人民为了保护野生动物而不惜牺牲庄稼的产量，一方面，当地人民胸怀生态大局观的行为值得赞扬与学习；另一方面，要完善并落实相关补偿政策，解决好生态文明建设与人民群众根本利益之间的矛盾。

（三）社会主义生态文明建设是关系中华民族永续发展的根本大计

生态兴则文明兴，必须把生态文明建设摆在国家社会发展全局的重要位置。生态文明建设得好，社会进步和人民群众根本利益就有所保障；生态文明建设不好，社会发展和人民权益就缺乏稳固的发展根基。良好的生态环境是经济社会发展和人民安居乐业的前提基础与重要保证，符合中国人民和中华民族的根本利益和长远利益。

首先，社会主义生态文明建设是建设美丽中国的直接抓手。党的十八大提出要努力建设美丽中国，党的十九大将"美丽中国"的发展目标纳入社会主义现代化强国建设的总目标之中，"美丽"不仅是我国在生态文明建设领域的目标，而且是社会主义现代化强国的目标之一。"美丽中国"是社会主义生态文明建设的目标与方向，生态文明建设是实现"美丽中国"目标的途径与抓手。

其次，社会主义生态文明建设是全域发展的基础与环境保障。习近平总书记强调："生态环境是关系党的使命宗旨的重大政治问题，也是关系民生的重大社会问题。"[①] 资源丰富、生态良好，有利于国家经济发展结构不断优化，人民群众日益增长的优美生态环境需要得到满足。相反，生态文明建设不好，会在一定程度上限制其他领域的发展，人民群众的生活质量得不到根本性的提升。生态文明建设不是孤立的板块，我们需要从大局出发，从长远考虑。

最后，社会主义生态文明建设是生态意识形态安全的重要保证。生态文明建设不单指社会实践活动，还涉及生态建设思潮等观念。随着西方意识形态不断渗透到生态文明领域，从意识形态安全的高度对生态领域的错误思潮正本溯源、激浊扬清十分必要。思想是行动的先导，引导全社会树立社会主义的生态建设思潮，对我国意识形态安全和生态文明建设均具有重要意义。

二、高下立判，资本主义的"征服"还是社会主义的"共生"

生态马克思主义是 20 世纪 70 到 80 年代在西方社会兴起的一种社

---

① 习近平：《坚决打好污染防治攻坚战　推动生态文明建设迈上新台阶》，《人民日报》2018年5月20日，第1版。

会思潮，也是当代西方马克思主义理论研究中最具影响力的思潮之一。生态马克思主义者们主要是从资本主义生产方式同生态环境危机二者之间的联系入手，运用马克思主义的观点和方法对于资本主义只强调经济理性却忽视生态理性的行为进行批判，在丰富和发展了马克思主义理论体系的同时，也为深刻揭示生态危机背后隐含的资本主义生产逻辑提供理论视角。哈贝马斯曾指出："生态失衡是晚期资本主义经济发展的一种必然结果，根本不存在任何自觉控制的可能。"① 奥康纳也曾指出："20世纪西方资本主义社会的资本积累得以继续，主要是通过在总体上对南部国家和世界范围内的穷人欠下一笔生态债来完成的。"② 由此可见，西方资本主义社会的发展是建立在破坏生态环境基础上的发展，是建立在将生态环境危机转嫁到发展中国家身上的发展。因此，中国作为世界上最大的发展中国家，想要在实现自身发展的同时兼顾生态环境保护，就必须要认识到生态危机背后隐含的资本主义生产逻辑的危害性，深刻把握西方资本主义社会生态殖民主义的本质，树立起正确的生态文明观念，进而构建起经济社会发展同生态环境保护之间的良性循环。

（一）资本生产逻辑具有反生态性

自然界是人类社会存在的前提和基础，人类社会的发展也正是建立在同自然进行物质资料交互的基础之上。因而当人类通过实践第一次将人类社会从自然界中分化出来以后，人类就一直面临着如何协调人类社会发展和自然生态循环之间关系的问题。在不同的历史时期，人类同自然的关系也不尽相同。从原始氏族阶段的"自然崇拜"到前

---

① ［德］哈贝马斯：《合法化危机》，刘北成等译，上海人民出版社2000年版，第58页。
② ［美］詹姆斯·奥康纳：《自然的理由——生态学马克思主义研究》，唐正东等译，南京大学出版社2003年版，第205页。

资本主义时期的农业、手工业生产，人同自然之间的关系都是一种直接的物质交换关系，人们通过自己的劳动直接从自然界中获取生产资料和生活资料，而且受到相对落后的生产技术水平的限制，人类同自然的交互并未打破自然界的生态循环，而是作为自然循环中的一环存在着。

但当人类社会发展到资本主义阶段，资本生产的逻辑是要实现价值增殖。价值增殖需要满足两个基础性的前提，一是产品必须要有使用价值；二是在生产过程中必须要有活劳动的凝结以形成价值。资本实现增殖需要以使用价值为载体，使用价值作为产品的自然属性，是由自然物质构成的，因此在资本增殖逻辑下，为获取更多利润，过度生产必然会加大使用价值的消耗，资本逐利使得价值增殖与自然生态保护形成对立关系。市场效益而非环境效益是资本主义生产生活所追求的首要效益。资本家为追求更多的剩余价值，除了对自然资源等不变资本的控制外，还对劳动力等可变资本进行影响。资本主义社会生产的社会化和生产资料私人占有之间的矛盾使得劳动者与生产资料相分离，人类社会和自然界分离为二元世界。

事实上，英国作为率先实现从封建主义社会向资本主义社会过渡的国家，其资本主义生产方式的确立正是使农民被迫同土地相分离，通过暴力掠夺农民"不能出让的生存条件和再生产条件"[1]，建立起了最有利于资本增殖的雇佣劳动模式。劳动者变成了不占有任何自然物质的劳动者，只能通过出卖自己劳动力的方式从资本家那里赚取货币工资用以购买维持自己生存的物质资料，而资本家们则变成了生产资料和劳动的绝对掌控者。在资本不断增殖的过程中，"自然成为一种异己的、敌对的力量和劳动相对立，劳动创造的财富越多，越有利于资本利用其力量对自然占有，越有利于资本去发掘自然的使用价值，统治

---

[1] ［德］马克思：《资本论》（第3卷），人民出版社2004年版，第918页。

劳动的力量也就越大"①。因此，在资本的生产逻辑下，人与自然之间原始统一的关系被人为地割裂，人类的生产活动不再是作为自然生态循环链条中的一环存在，自然界在资本生产逻辑下被视为是资本增殖所需要的孤立的自然物质实体的简单累加，进而导致人类社会同自然界之间形成彻底的二元对立关系，而这种二元对立关系的实质正是资本同劳动之间的对立。

此外，资本追求无限增殖的过程本质上是一个产业资本不断周转的过程。而产业资本实现周转的必要前提是货币资本、生产资本和商品资本这三类资本职能形式在空间上并存、在时间上继起。当我们把这种个别资本的周转过程扩大到资本主义社会来看，资本周转的问题就变成了社会资本的再生产问题。而社会资本想要实现扩大再生产，就必须要解决社会总产品的价值补偿和实物补偿问题。

社会总产品的价值补偿是指社会总产品各个组成部分的价值通过商品的出售而转化为货币，从而补偿预付的不变资本和可变资本，并取得剩余价值。实物补偿是指社会总产品各个组成部分转化为货币以后，再进一步转化为所需要的物质产品。因此，在资本的生产逻辑下，每一次资本生产的开始必然是建立在前一次生产中所耗费的资本在价值上得到补偿并且实际生产过程中所耗费的生产资料和消费资料得到了实物替换的基础之上才能发生。而资本生产过程中所产生的污染物，本身也是生产资料或者说是预付的不变资本中的一部分，也就是说污染物的价值实际上也在资本再生产的过程中得到了价值的补偿和实物的替换。由此可以推断出在产品销售的过程中消费者不仅购买了产品，应该还附带购买了产品生产过程中产生的这些污染物。而消费者对于

---

① 刘凤义、赵豪杰、陈胜辉：《论资本逻辑下的资本主义生态危机》，《当代经济研究》2019年第7期，第52页。

这些污染物的购买，在一定程度上就是消费者给予资本家用以妥善处理这些污染物的价值补偿。但是根据资本追求无限增殖的本性可知，资本处理这些污染物时付出的成本越低，资本从污染物的价值补偿中能获取的利润就越高，资本增殖的速度也就越快。因此，在生态环境具有显著的公共性和外部性特征的背景下，资本家们为追求利益的最大化，势必会将处理污染物的成本向社会转移，将本应用于污染物处理的价值补偿也纳入资本增殖的名目之中，以全社会的生态环境恶化来换取自身的资本增殖。

（二）全球化视域下生态殖民主义大行其道

生态殖民主义指的是部分西方发达国家或利益集团运用政治、经济、文化、社会等间接、隐蔽的非暴力手段，通过歪曲经济社会发展同生态环境保护之间的理论关系，迷惑被殖民对象，同时又将自身的生态危机代价转嫁给被殖民对象，从而攫取最大殖民利益的思想和行为的总称。其本质是进入20世纪以来，西方资本主义国家在直接殖民手段失效后发展出来的一种新型殖民主义，是传统的殖民主义思想在生态环境领域的发展和延伸，也是资本主义社会发展到帝国主义阶段的必然结果。因此，生态殖民主义思想主要表现为以下几个方面。

第一，对发展中国家进行资源掠夺。马克思曾经深刻指出"资本的合乎目的的活动只能是发财致富，也就是使自身变大或增大。……作为财富的一般形式，作为起价值作用的价值而被固定下来的货币，是一种不断要超出自己的量的界限的欲望：是无止境的过程。它自己的生命力只在于此"[①]。而资本主义国家想要实现资本的无限增殖就势必要面对资本增殖要求的无限性同支撑资本增殖的生产资料的有限性之间的

---

① ［德］马克思：《马克思恩格斯全集》（第30卷），人民出版社1995年版，第228页。

矛盾，面对资本无限增殖过程同自然生态平衡过程之间的矛盾。为了缓和这些矛盾，尽可能地维持资本主义社会经济的快速增长和资本的无限增殖，资本主义社会就必须要在自身之外找寻到新的经济增长点，通过掠夺他国资源、倾销多余产品的方式实现本国的快速发展。因此，西方资本主义的发展事实上是建立在掠夺发展中国家自然生态资源的基础上实现的。

第二，向欠发达国家转嫁生态环境污染。美国之所以能够在19世纪末成为世界第一大经济体，成为"工业强国"，正是建立在其对本国自然生态环境的无限破坏上。伦敦在20世纪被称为"雾都"的原因也正是伦敦工矿产业的不断发展导致烟尘大量弥散在空气中形成雾凝核所导致的。因而我们不难看出资本主义社会的发展无一例外都是建立在对生态环境的极大破坏之上。但是现在西方资本主义国家的很多城市都以"花园城市""环保城市"著称，西方资本主义国家的生态环境也普遍比发展中国家好一些。究其原因，就是因为西方资本主义国家在20世纪采取了一系列举措，对本国的生态环境问题进行了集中治理。而这些举措中既包括绿色、环保的生产技术的革新，也包括将污染产业等进行海外转移。"资产阶级对于污染问题只有一个解决办法：那就是把它们移来移去。"[①] 世界银行首席经济学家萨默斯曾在《让他们吃下污染》中，列举了数条世界银行应当鼓励将污染产业向欠发达国家转移的理由，他认为生产所带来的污染对环境的影响是非线性的，即早期产业发展所产生的污染治理成本很低，但是其所能带来的经济增长却很高，因而将污染产业转移进欠发达地区是帮助其发展的合理举措。发达国家向发展中国家进行产业转移、对外投资建厂等行为应

---

① ［美］戴维·哈维：《正义、自然和差异地理学》，胡大平译，上海人民出版社2011年版，第421页。

辩证看待。不可否认，一些发达国家对外进行产业转移，对接收国而言具有一定的积极意义。引进外资既可以为引进国提供更多就业机会，缓解当地就业压力，又可以提高企业的管理水平，促进生产设备更新换代，调整优化产业结构，促进当地经济发展。但是，也有部分资本主义国家打着"合作和援助"的旗号将污染产业转入发展中国家，使发展中国家成为发达国家摆脱产业污染的"接盘侠"。由于发展中国家缺乏对产业垃圾进行无害化处理的必要技术手段，对污染产业产生的大量垃圾通常只能"一埋了之"，这不仅会对发展中国家的生态环境产生难以消除的破坏，而且对当地居民的生命健康也带来不容忽视的严重威胁。

需要指明的是，中国与部分资本主义国家通过产业转移等方式进行生态殖民主义不同，中国对塞内加尔、坦桑尼亚等非洲国家进行援助、投资等合作是建立在中非平等互利的基础上，而非西方资本主义国家不平等的"强加"措施。中国对非洲的援建措施旨在实现双方经济与生态方面的共赢，而非只顾本国生态效益、无视引进国生态环境的资本主义的单边逻辑。习近平总书记提出要携手打造和谐共生的中非命运共同体，"中国愿同非洲加强在应对气候变化、应用清洁能源、防控荒漠化和水土流失、保护野生动植物等生态环保领域交流合作，让中国和非洲都成为人与自然和睦相处的美好家园"。[①] 中国同非洲国家实施绿色发展行动，"中国决定为非洲实施50个绿色发展和生态环保援助项目，重点加强在应对气候变化、海洋合作、荒漠化防治、野生动物和植物保护等方面的交流合作"[②]，在实际行动上支持非洲国家实现经

[①] 习近平：《携手共命运 同心促发展——在二〇一八年中非合作论坛北京峰会开幕式上的主旨讲话》，《人民日报》2018年9月4日，第2版。

[②] 习近平：《携手共命运 同心促发展——在二〇一八年中非合作论坛北京峰会开幕式上的主旨讲话》，《人民日报》2018年9月4日，第2版。

济发展与生态保护的统一。例如,"由中企承建的埃塞俄比亚莱比垃圾发电厂,日处理垃圾1800吨,年发电量达1.85亿千瓦时,已经成为中非'绿色'合作的标志性工程。"① 莱比垃圾发电厂不仅保证了埃塞俄比亚首都亚的斯亚贝巴三分之一家庭的照明用电,为当地培养了大批垃圾发电领域的人才,而且将绿色发展的技术和经验传播到非洲。

　　生态殖民主义除无限掠夺资源和转嫁生态环境污染这两种直接的表现形式之外,还有一些间接的表现形式。例如西方部分发达资本主义国家还会以生态治理为名,为本国的国际政治博弈披上伪善的外衣。通过片面强调发展中国家在全球生态治理体系中的责任,指责发展中国家是导致全球生态危机出现的罪魁祸首等方式来达到其限制发展中国家发展的政治目的。然而纵观人类社会步入工业化以来的发展历程,以美国为首的西方资本主义国家无一例外采取了以生态环境换经济发展的策略。据不完全统计,在发达资本主义国家工业化进程中,化石燃料所产生的二氧化碳排放量占目前世界各国二氧化碳排放总量的九成以上。也就是说西方资本主义现在所谓的"发展中国家是导致全球生态危机出现的罪魁祸首",实质上是妄图用发展中国家现在的发展为发达资本主义国家过去的错误买单。此外,一旦国际生态治理的行动危害了资本主义国家本国的发展利益,资本主义国家又会迅速以各种借口和手段推卸其在国际生态治理进程中所应担负起的主体责任。例如,2017年美国退出《巴黎协定》时所使用的理由就是"绿色气候基金正在使美国付出巨大的财富""通过所谓的绿色气候基金,美国的财富被重新分配到了美国以外的地方"。②

---

　　① 资料来源:人民网,http://scitech.people.com.cn/n1/2019/1121/c1007-31466748.html.2019-11-21.
　　② White House.Statement by President Trump on the Paris Climate Accord,https://www.whitehouse.gov/briefings-statements/statement-president-trump-paris-climate-accord/.2017-06-01.

因此，发展中国家，尤其是我国在生态文明建设过程中，必须提高对生态殖民主义带来的消极影响的防范。马克思对资本主义生态观的批判，让我们更加深刻认清了资本主义的本质，这就要求我们按照党的十九大对于加强生态文明建设的要求，加快推动经济发展方式的转变，正确处理好经济发展与生态环境之间的辩证关系，倡导科学理性的生态观念，从而达到人与自然和谐共生的美好愿景。

（三）社会主义生态文明观的内涵

习近平总书记在十九大报告中明确指出，"要加快生态文明体制改革，建设美丽中国""要牢固树立社会主义生态文明观，推动形成人与自然和谐发展现代化建设新格局，为保护生态环境作出我们这代人的努力"。[①] 从总体来看，社会主义生态文明观不仅继承并发扬了马克思主义经典作家对于如何协调发展和环境保护之间关系的伟大构想，同时也结合了中国在社会主义建设、改革过程中取得的实践经验，因而从内涵上表现为一种科学的世界观和价值观。

一方面，社会主义生态文明观破解了资本生产逻辑下人与自然二元对立的错误生态世界观。所谓生态世界观就是人们如何认识自身同自然以及人类社会同自然之间关系的一种观念和想法。在资本家的眼中，自然界是作为人类社会的附属品存在的，人类是高于自然界中的其他存在的，因此人类社会发展的进程就是人类征服自然的进程。然而，在马克思看来，人是不能脱离自然界生存的自然生物，认为"人本身是自然界的产物，是在自己所处的环境中并且和这个环境一起发展起

---

① 习近平：《决胜全面建成小康社会夺取新时代中国特色社会主义伟大胜利》，《人民日报》2017年10月19日，第1版。

来的"①"不以伟大的自然规律为依据的人类计划,只会带来灾难"②,人类作为自然的产物,既不能独立于自然界之外生存,也不能从自然界之外去认识和改造自然。因而人类必须要在尊重自然生态规律的基础上,实现对于自身主观能动性的发挥。任何超出自然规律限度之外的实践活动都只会给人类带来灾难。因此,社会主义生态文明观在批判资本主义错误生态世界观的同时也提出了人与自然应和谐共生的生态世界观,认为人与自然、人类社会与自然界之间的关系应当是一种动态的平衡关系。

另一方面,社会主义生态文明观破解了资本生产逻辑下经济发展优先于生态保护的错误生态价值观。在传统观念中,人们对生产力的理解通常是停留在征服和改造自然的层面,在资本主义生产追求利益最大化、资本无限增殖的逻辑驱动下,生产力天然地就同生态环境形成了对立,站在了生态环境保护的另一端。从16世纪末荷兰爆发资产阶级革命以来,世界上绝大多数国家的工业化、现代化进程无一不是走在一条"以生态换发展""先污染后治理"的发展道路上。然而这种错误的生态价值观恰恰忽视了生态环境不仅具有当代的现实价值,同时还有代际传承的长远价值,这种"以生态换发展""先污染后治理"的发展方式其实是将环境治理的责任转嫁给了下一代,其本质是一种逃避现实的错误观念。因此,社会主义生态价值观提倡将生态环境价值同经济发展价值辩证统一,既要保障当代人的发展利益,也要保障子孙后代的生态利益,摒弃过去只重经济发展不重生态保护的粗放式发展理念,树立起生态环境也是生产力的正确观念,将经济发展同生态环境保护有机结合,在动态平衡中使良好生态环境成为经济持续健

---

① [德]马克思、恩格斯:《马克思恩格斯文集》(第9卷),人民出版社2009年版,第38页。
② [德]马克思、恩格斯:《马克思恩格斯全集》(第31卷),人民出版社1972年版,第251页。

康发展的立足点。

中国特色社会主义步入新时代，我国要在健全本国生态文明制度，坚持社会主义生态文明观的基础上，努力推进人类命运共同体，为全球生态治理提供中国智慧与中国方案，推动社会主义生态文明观念全球化、国际化。

三、强化环境意识，把建设美丽中国化为人民自觉行动

推进美丽中国建设，要以生态建设为基点，以绿色发展理念为指导，以不断提高社会主体的思想水平为根本。做好新时代国家安全工作，要把国家安全贯穿到党和国家工作各方面全过程。[①] 从生态意识形态层面抓国家安全建设为建设社会主义现代化国家提供坚强保障。

（一）坚持绿色发展理念，增强人民环保意识

理念是行动的先导。工业革命以来，生产工具的进步带来生产力的提升，时至今日，科技的高速发展和经济水平不断提高与生态环境问题层出不穷的事实形成鲜明对比。在世界生态环境每况愈下之时，"从绿色发展中寻找发展的机遇和动力"[②] 能够有效解决人与自然和谐问题。贯彻绿色发展理念，建设生态文明，关键是在思想层面破除GDP主义。"GDP主义的核心就是促成所有事物的货币化，或者如马克思所说的'商品化'。"[③]2015年10月，习近平总书记提出创新、协调、绿色、开放、共享的发展理念。绿色发展理念和系统思维体现在党的路线方

---

① 参见：《坚持系统思维构建大安全格局　为建设社会主义现代化国家提供坚强保障》，《人民日报》2020年12月13日，第1版。
② 《习近平在气候雄心峰会上发表重要讲话》，《人民日报》2020年12月13日，第1版。
③ 郑永年：《中国的文明复兴》，东方出版社2018年版，第20页。

针政策的制定和落实之中，正自上至下形成一股改革之势。例如，党的十九届五中全会审议通过《中共中央关于制定国民经济和社会发展第十四个五年规划和二〇三五年远景目标的建议》，将"推动绿色发展，促进人与自然和谐共生"[①]作为重要板块并进行重点规划。不仅将未来发展过程中的风险纳入考虑之内，也将发展的重点放在提高发展质量和保护生态环境之上。

增强环保意识，要科学把握生态环境的客观规律。生态兴则文明兴。生态不是相互割裂的存在，而是一个有机大系统，用系统观点推进环境保护，把握生态系统循环的内在规律，站在子孙后代的角度整体推进生态保护。十八大以来，习近平总书记从马克思主义整体性的视野出发提出"山水林田湖草是生命共同体"的论断。马克思在《德意志意识形态》中指出，自然是人类的无机身体。保护好大自然，实现人类文明与生态文明的良性循环才能够为人类长远谋福祉，为中国共产党长期执政打牢物质基础，这也是中国特色社会主义制度走向长远的必要前提。在认识世界和改造世界的过程中，人类通过实践实现了生产力的巨大变革，创造出了巨大的物质财富，也遭到了大自然的"反噬"，臭氧层空洞日益严重，全球变暖加剧，极端恶劣气候频发，无一不是大自然对人类的警告。因此，必须要在尊重自然规律的前提下发挥人的主观能动性，为子孙后代创造良好生存发展空间，但仅仅依靠政府和少数人是做不到的，只有将环保意识镌刻在每一个人的心中才能得以实现。

增强环保意识，要处理好经济发展和生态保护之间的关系。加大环保力度不代表经济停滞，经济发展也不能以环境破坏为代价。在党

[①]《中共中央关于制定国民经济和社会发展第十四个五年规划和二〇三五年远景目标的建议》，《人民日报》2020年11月4日，第3版。

的十九届五中全会上,党中央对我国当前存在的不平衡不充分的突出问题作了重点强调,其中,"生态环保任重道远"作为其中一项被重点提出。增强环保意识,是建设美丽中国的重要举措,能够促进人民生产生活方式向绿色转型,也是"十四五"时期经济社会发展的主要目标之一。保护生态环境,铸牢生态安全的屏障,关键在于使环保意识与生态保护观念深入人心。一方面,广大人民要将生态保护意识贯穿在日常经济生活中,在创造更大的社会财富的同时积累更多的生态财富,从根本上摈弃西方资本主义国家"先污染,后治理"的思路。另一方面,企业在发展过程中要兼顾社会责任,单方面的生产增加并不是真正意义上的发展和进步,企业在获得生产效益的同时也要注重生态效益,在二者的有机统一中实现自身价值和社会价值。

(二)养成良好生活习惯,开展全民绿色行动

良好的生活习惯是环保意识在社会实践的体现。开展全民绿色行动是建设美丽中国的现实需要,行动成败关键在于动员广泛人民群众,调动社会积极性。

开展全民绿色行动,将传统消费方式升级成生态消费方式。生态消费不是限制正常消费,而是经过理性规制的、与当下经济发展需要和生态保护需要相匹配的消费方式。与奢侈消费和不合理消费不同,生态消费主张保障一定生活质量的适度消费。摈弃传统的"GDP主义",转变经济增长方式是从社会存在的层面保护生态环境,树立生态消费观念,开启全民绿色行动就是从社会意识层面推进生态文明建设,从意识层面保护国家生态安全,其影响更加深远。养成生态消费方式是实现社会可持续发展的重要举措。实现绿色发展理念与人民消费行为的有机融合,关键在人民。广大人民群众要从自身的合理、有效需求出发,进行与自身能力匹配的消费,警惕跟风消费与过度超前消费。

开展全民绿色行动，倡导绿色低碳出行的生活方式。日常出行是实现社会交往的必要手段，推动全民绿色出行方式能够从更广泛的层面加快美丽中国建设。养成绿色低碳的出行习惯，政府部门首先要不断完善城市公共交通建设，秉持惠民与便捷化的原则从源头改善人民群众的公共交通供给，为绿色出行打造良好的硬件设施和软件服务。其次，广大人民群众要在自身需求的基础上以绿色出行理念选择交通工具，更多考虑公共交通出行，为节能减排、绿色低碳贡献自己的一份力量。最后，要正确树立绿色低碳的出行理念，严禁出现"一刀切"的情况，要尊重人民的意愿，正视人民的合理需求，用合理的方式正确引导人民的出行理念。

开展全民绿色行动，广泛开展节约型机关、绿色家庭、绿色学校、绿色社区创建活动。针对基层不同主体举办一系列动员活动，能够有效促进人民日常生活的变革与绿色生活方式的形成。创建节约型机关，要让节约环保理念进入国家公职人员心中，发挥榜样作用，以身作则，避免日常的用电用水纸张浪费，从点滴做起助力环保事业；创建绿色家庭，居委会与村委会要带头组织，评比出一批节能环保的榜样家庭；创建绿色学校，要利用形式多样的活动来进一步提高师生的环保意识，抓住课堂教育主渠道和课外活动多重渠道，寓教于行；创建绿色社区，社区是城市的细胞，提升城市环保意识，关键是要从社区抓落实，在绿色社区的建设落实方面，要在全社区积极宣传节约能源和资源，引导居民节约用水，杜绝噪声扰民现象等，从根本上调动人民群众的积极性。

四、提高话语权，做全球生态文明建设的"领路人"

党的十八大以来，我国更加重视生态文明建设，在以习近平同志为核心的党中央的坚强领导下,不仅推动了我国的生态文明建设,还对全球生态文明建设做出了积极贡献。与此同时,我国在生态文明建设方面的国际话语权得到了大大提升。但是,我们也要清楚地认识到,与西方发达国家话语权相比,我国仍然存在一定的差距。我国要想打破当前生态建设方面国际话语格局,必须重视经济发展,提高综合国力,为国内生态文明建设打牢物质基础。同时,既要将长期以来我国在生态文明建设的实践中形成的特有的经验、智慧广泛地向全世界传播,讲好中国生态文明建设的故事,深度参与国际生态治理。

(一)提高综合国力,推进国内生态文明建设

一个国家的生态文明建设绝不是孤立进行的,而是与国家的经济、政治、社会和文化等多领域息息相关。一个国家综合国力的强弱,也决定着生态文明建设的水平。新中国成立以来,我国用几十年时间彻底改变了旧中国一穷二白的原貌。伴随着我国经济的飞速发展,我国日益走近世界舞台中央,我国在国际上的话语权也得到了提升。因此,从根本上来说,一个国家的综合实力是国际话语权的基础。然而,受历史原因的影响和制约,目前我国在国际上的话语权与中国经济实力以及中国国际贡献的地位之间仍然存在一定的差距。我国当前仍处于社会主义初级阶段,只有进一步增强我国综合国力和竞争力,才能真正提高我国的国际话语权。

中国的国际话语权需要国家的综合国力来支撑,中国生态文明建设的国际话语权也需要国内生态文明建设的成就来支撑。经过不懈努力,我国的生态文明建设不断取得新成就。但是,我国的生态文明建设仍然面临着重重挑战。因此,加强生态文明建设,不仅要在思想上树立生态文明观念,还要在实践中全力推进生态文明建设,努力建设美丽中国。只有进一步加快推进生态文明建设,着力提高建设水平,才能

提升我国生态文明建设的国际话语权。

（二）传播中国生态文明思想，为全球生态文明建设贡献中国智慧

追根溯源，中华民族始终尊重自然、热爱自然，形成了独特的生态智慧。改革开放以来，党和政府把生态文明建设摆在重要位置，生态文明建设不断取得新的成就。尤其是党的十八大以来，以习近平同志为核心的党中央在推动生态文明建设的实践中形成了习近平生态文明思想。习近平生态文明思想是在马克思主义生态思想指导下形成的思想，既继承了中华民族传统文化中的生态智慧，又在实践中不断升华与发展；既是我国生态文明建设取得巨大的成就的指导方针，也为其他国家生态文明建设提供了重要借鉴。

全球性的环境问题是世界各国共同面临的问题，解决这一问题，需要各国携手并进、加强合作，共谋全球生态文明建设。在当前和今后一段时期，想要提高我国生态文明建设的话语权，就要在世界范围内广泛传播习近平生态文明思想。一方面，在国际上推广习近平生态文明思想取得的实践经验，主动为全球环境治理提供中国智慧和中国方案，既可以为解决人类生态困境所面临的共同难题提供有益参考与借鉴，也可以用中国理念国际化传播的方式，传播中国智慧和中国方案，提高我国在全球生态文明建设方面的话语权。另一方面，向世界传播中国生态文明理念，也可以调动国际上的多元力量广泛参与到全球生态文明的建设之中，这一过程有利于持续推动全球生态文明建设迈向更高质量更高水平。因此，我国作为最大的发展中国家，要从国际视野出发，针对其他发展中国家面临的类似的生态问题给予支持和帮助，全力发挥好示范作用，既要"授人以鱼"，向其他国家提供更多的绿色公共产品，也要"授人以渔"，帮助发展中国家提高应对和解决生态问

题的能力。

（三）深度参与全球环境治理，提升中国生态话语的权威性

当今，全球生态危机问题日益严重和突出。众所周知，全球环境治理需要每个国家共担责任。然而，现如今，个别西方国家仍然坚持实行生态帝国主义政策，退出《京都议定书》和《巴黎协定》，以此推卸应该承担的环境责任。当前，全人类正站在生态保护的关键时间点上，世界各国人民的生态意识越来越强，越来越多的人意识到保护环境的紧迫性与重要性。

全球化也为世界各国共同参与全球环境治理提供了可能。面对全球性生态危机，加强国际间的生态合作是保护人类共同家园的基础性需要。在全球生态治理问题上，中国一直倡导多边合作，积极参与全球生态文明建设，同各国一道携手共建美丽世界。同时，积极承担应尽的国际义务，不断拓展生态环境国际合作与交流的广度和深度。解决全球生态环境问题，世界各国应该共同承担起建设生态文明的责任，形成解决生态危机的巨大合力，为人们创造更加清洁美丽的世界。在这一过程中，中国在积极承担应尽的国际义务，深度参与国际生态治理的同时，也应当提升中国生态话语的权威性，呼吁世界各国团结起来，携手共建全球生态环境。

经典案例

认清西方环保话语陷阱，展现中国大国责任担当

2020年9月22日，习近平主席在第75届联合国大会一般性辩论上宣布中国二氧化碳排放力争于2030年前达到峰值，努力争取2060年

前实现碳中和。碳达峰是指二氧化碳的排放量达到峰值之后逐步降低;碳中和是指通过造树造林、节能减排等形式,使二氧化碳排放量得以吸收、抵消,实现二氧化碳"零排放"。近期,我国陆续发布《中共中央国务院关于完整准确全面贯彻新发展理念做好碳达峰碳中和工作的意见》《2030年前碳达峰行动方案》等政策。实现碳达峰、碳中和,是以习近平同志为核心的党中央经过深思熟虑作出的重大战略决策,事关中华民族永续发展和人类命运共同体的建构。

中国秉持人与自然和谐发展的生态文明理念,不断采取有力措施来提高国家自主贡献力度。然而,以美国为首的西方媒体大肆炒作我国碳排放问题,声称"中国温室气体排放量已超过西方发达国家之和",指责中国是"污染大国""第一碳排放国家",借环保问题攻击中国是西方国家遏制我国发展的常用手段。这是西方国家的环保话语陷阱,他们只谈二氧化碳年排放量而不谈历史累计量,只谈碳排放总量而不谈碳人均排放量,他们无视西方工业化排放大量二氧化碳的历史,无视发展中国家生产发展的现实需要,无视中国是世界上人口最多的国家这一客观事实,将碳年排放总量而非碳人均排放量作为衡量标准,这是对发展中国家尤其是人口数量庞大的发展中国家极不公平的做法。究其目的,一是西方发达国家欲主导全球生态文明建设规则,妄图在制度规则的庇护下,"合理"侵蚀发展中国家的碳排放利益;二是个别西方国家为转移国际视线,妄图将生态环境问题的责任"甩锅"给中国,从而起到遏制中国发展的目的。部分西方国家在气候问题上一心抹黑中国,自身却并未真正解决气候问题。从《京都议定书》到《巴黎协定》,发达国家"退群"已不是个案。"共同而有区别的责任""发达国家要在资金与技术上给发展中国家提供支持"等减排承诺,西方发达国家也并未很好地兑现。

生态领域亦存在意识形态斗争风险,我们要认清部分西方发达国家借环保问题遏制中国的不良用心，认清西方环保话语的政治陷阱，认清其站在道德制高点指责发展中国家环境污染而欲主导生态领域国际话语权的目的，尤其要认清其借助网络对各国人民的意识进行潜移默化影响的手段。例如西方推崇的"环保少女"格蕾塔·通贝里对日本排放核污水一事拒不表态，却在中国致力于环境保护上指指点点，该环保人设实则是发达国家利益的维护者。我们不认同西方国家的恶意指责，这并非代表我国忽视生态环境保护，而是"要在生态文明的框架下正确处理发展和保护的关系，摒弃建立在工业文明基础上以西方为中心的'部分人类中心主义'价值论，推动构建人类命运共同体"[①]，坚定中国生态文明建设的自觉与自信，不断为人类生态文明作出更大贡献。

---

① 贾卫列：《跳出西方环保话语陷阱》，《环球时报》2019 年 11 月 7 日，第 15 版。

第八章

网络领域国家意识形态
安全建设的挑战及应对

网络意识形态安全是国家意识形态安全的重要组成部分，坚守和巩固网络意识形态阵地，对维护国家意识形态安全意义重大。互联网上的意识形态斗争越发激烈，成了影响意识形态工作开展的最大变量。并且以网络技术为基础的新媒体迅猛发展，为社会主义意识形态建设带来机遇的同时，也带来了诸多挑战。因此，净化网络环境和加快推动媒体融合发展成为摆在我们眼前的两项重要任务。在这两项任务中，净化网络环境可以为意识形态工作的开展扫除障碍，加快推动媒体融合发展则是把主流媒体做大做强的关键。

一、互联网已经成为意识形态领域斗争的主战场

意识形态问题关乎国家的道路和方向，关乎国家的政治安全，历来都是党和国家的一项极端重要的工作。随着信息技术的发展，网络空间逐渐发展成熟，成为有别于传统的陆、海、空的虚拟空间，是人们工作交流和休闲娱乐的精神家园。然而，网络意识形态安全问题也随之而来。互联网是人们获取和交流信息的重要平台，它会对人们的思想和价值观念产生深刻的影响。显然，互联网已经成为意识形态领域斗争的主战场。而在这个战场上党和国家的意识形态工作也面临着来自国际和国内两个方面的挑战。国际层面，网络意识形态的安全风险主要来自西方意识形态的渗透；国内层面，我国内部的网上舆论形势依然严峻复杂，网上舆论引导工作需要长期坚持。面对这种情况，我们只有充分认清西方对我国网络意识形态渗透的方式和手段，了解网

络传播特性和规律，才能在此基础上把互联网这个最大变量变成最大增量，为我国社会主义意识形态的传播与巩固提供良好的环境。

（一）互联网成为西方意识形态渗透的新工具

意识形态战略一直是西方国家企图遏制中国发展的重要手段，西方国家希望通过意识形态输出，改变中国的社会主义道路，从而达到和平演变的目的。在互联网尚未发展成熟之前，西方国家主要采取图书、报纸和电视广播等方式，向中国民众传播其文化思想和价值观念，这在一定程度上威胁了我国的社会主义意识形态。但总的来说，传统的意识形态输出手段受到纸质载体和基础设备的限制，其传播能力有限，国家也比较容易管控西方的文化产品和电视广播内容输入。然而，进入 21 世纪，互联网技术为西方国家的意识形态输出提供了更加便捷高效的手段。尤其是美国凭借着在信息技术领域的绝对优势，长期在互联网上实行"双重标准"。美国对内进行严格的互联网信息管控和审查，但对外则强调互联网的绝对自由，随意侵犯他国的信息主权，利用网络改变和控制目标群体的思想和行为。具体来看，这种网络意识形态渗透具有以下三个方面特征。

第一，以技术优势推行网络霸权。第二次世界大战以后，美国凭借着政治、经济和军事优势在全球范围内推行霸权主义，侵犯和控制他国主权，从中获取利益。随着网络空间的产生并发展成熟，美国再一次把霸权主义应用到网络空间。与物理空间不同，网络空间的维持和发展依赖关键的网络基础设施和网络资源，而这些资源一直被美国所把持。由于互联网领域发展的不平衡，美国对互联网拥有的管理权使得它在网络空间中的霸权地位得以巩固，并以此为基础侵犯他国的网络主权，并进行网络意识形态的渗透。

❖ 知识拓展

棱镜计划（PRISM）：2013年6月，前中情局职员爱德华·斯诺登将两份绝密资料交给英国《卫报》和美国《华盛顿邮报》，诸多秘密被披露：美国国家安全局有一个代号为"棱镜"的秘密项目，要求电信巨头威瑞森公司必须每天上交数百万用户的通话记录。对我国来说，"棱镜计划"蕴含着巨大的意识形态风险。试想，一旦我国公民的信息被美国掌握，美国就会利用大数据分析我国公民的思想动态，进而引导和操纵舆论。类似的情况在突尼斯和伊朗等国都上演过。因此，在互联网时代我们需要更加警惕西方利用信息技术对我国进行意识形态渗透。

第二，以投入资本掌控舆论导向。掌控舆论导向并进行舆论煽动是西方敌对势力进行网络意识形态渗透的惯用手段。一些境外敌对势力通过大量的资本投入，企图控制互联网媒体从而引导社会舆论。除此以外，敌对势力还会培植网络代言人和发动水军，在互联网上进行丑化污蔑和煽动颠覆的活动，从而达到冲击我国社会主义意识形态稳定、威胁国家政治和社会安全的目的。如果是使用互联网时间较长的老网民，就会记得早些年在网络上有许多的"公知"和"大V"，他们被境外敌对势力收买，经常在互联网平台上发布一些鼓吹资本主义价值观念，并丑化和诋毁中国政府以及中国人民的言论。同时一些被收买的水军会在这些"公知"和"大V"的文字下面进行评论表示支持，当不明真相的网民看到如此多虚假的赞同，即使有理性的人可能也会信以为真，这真的是"三人成虎"，实在可怕！

他们的行为在当时造成了恶劣的影响，为我国的社会治理带来了挑战。不过随着我国长期不懈地对网络环境进行整治，人民群众也认清了这些"公知"和"大V"的本质，但这种现象依然存在，我们仍然不能放松警惕。当前，敌对势力投入资本掌控舆论导向的手段有了一些新的变化。2021年3月15日，我国解放军媒体官方微博账号"钧正平工作室"发表评论指出："某些别有用心的境外NGO机构，打着环保和科普的名义，通过与境内自媒体'合作'方式，投放加有意识形态'私货'的视频内容。"①NGO是非政府组织的缩写，境外敌对势力通过非政府组织与我国国内具有高流量的自媒体人取得联系，以合作的名义为自媒体人提供资金支持，引导自媒体人发布科普视频，但科普视频中掺杂着歪曲事实和具有不良价值导向的内容。例如，"中国人吃肉蛋奶导致巴西热带雨林灭亡"和"中国人吃海鲜正在耗尽全世界的鱼类资源"，都是这些视频通过间接引导的方式想让观众得出的结论。境外敌对势力的目的一是污蔑和诋毁中国，煽动舆论损害中国国际形象。二是挑起我国社会不同群体的对立，在我国意识形态领域掀起舆论漩涡。

第三，以网络围攻诋毁中国形象。面对中国的崛起，西方发达国家认为中国的日益强盛会对他们的发展产生威胁。于是，这些西方国家便在网络上大肆诋毁中国的国家形象，希望通过这种方式阻碍中国与世界各国顺利开展交流与合作。西方国家对中国的网络围攻分为两种方式，一种是"中国威胁论"，如中国帮助非洲国家发展经济建设，便被西方媒体称为搞"新殖民主义"。再如同新冠肺炎疫情斗争的过程中，美国前总统特朗普在个人的社交媒体上称新冠病毒是"中国病毒"，以此来转移美国的国内矛盾。另一种网络围攻的方式是针对中国的个

---

① 资料来源：新浪微博，https://weibo.com/7377933773/KkSG9m7ae?refer_flag=1001030103_. 2021-3-15。

别突发事件进行污蔑和诋毁。例如，中国科学的抗疫举措被西方媒体污蔑是"侵犯人权"，而西方国家"封城"其媒体则称是"做出巨大牺牲"。西方媒体大行双重标准，以所谓的"民主"和"人权"为借口，抹黑中国的制度在抗疫中所起到的重要作用。从这起案例中我们可以看出西方国家对我国长期存在的意识形态偏见，并通过互联网的方式，加快这种偏见意识形态地传播。

从以上三种方式可以看出，西方国家对我国的意识形态渗透从未停止，他们希望通过这种资本主义价值观念和政治制度的输出，达到不战而胜的目的。西方国家的意识形态战略是基于其国家核心利益所作出的选择，因此这种战略具有稳定性和长期性，不会轻易改变。随着信息技术的发展，互联网成为西方国家进行意识形态渗透的新工具。互联网上的信息脱离了具体物质载体的束缚，传播速度十分迅速并且管控难度大，为我国的意识形态工作带来了新的挑战。因此，我们必须充分认清西方网络意识形态渗透的手段和方式，从而更有针对性地进行防御。

（二）网上舆论工作面临的形势依然严峻复杂

网络意识形态安全的威胁不仅来自外部，我国内部的网上舆论工作也面临着新的挑战。以往的意识形态传播手段主要以报刊、电视和书籍等为载体，传播方式较为单一，相对来说比较容易管控。然而在互联网的传播模式下，不仅传播方式出现了多元化的趋势，传播主体也发生了改变，任何的机构、组织和个人都可以在网上发表自己的观点和言论，这就在无形之中分散了网民对于主流意识形态的注意力。具体来说，我国网上舆论工作主要面临以下两个突出问题。

一方面，在网络传播方式多元化的条件下，主流意识形态的吸引力和关注度被分散。在信息技术高度发展的今天，互联网的传播方式无孔不入,只要拥有一部智能手机,人们便可以在互联网上接受信息并发表自己的观点。总的来说,网络传播具有以下几个特点。第一,网络传播条件的门槛低。任何人只要花几分钟就可以下载一个社交软件与他人进行交流。也正因如此,现在越来越多的网络主播和"UP主"应运而生。第二,网络传播内容的海量性。人们在互联网上可以搜索到来自海内外的电视剧、电影和音乐,可以便捷地查阅电子书籍和阅读各种网络文学作品。第三,网络传播方式的多样性。网络文化产品通常有多种形式,再加上大数据技术的支持,网络平台可以投其所好,针对特定群体推送其感兴趣的内容,使得一部分人深陷其中无法自拔。正是基于这种网络传播的方式和特点,主流意识形态的吸引力和关注度被无形之中分散了,越来越多的网民,尤其是现在的年轻人,很少关心国家大事,而是更多地关注娱乐新闻;很少详细阅读充满正能量的网络作品,而是对各种明星八卦趋之若鹜。

另一方面,基于网络传播的规律和特点,互联网容易制造和煽动舆情,使网民的非理性因素扩大化。例如,网络上经常会有一些以"还原历史真相"为噱头的文章或者视频,对我国的老一辈领导人进行解读,但说是解读,其实只是把我们一些不熟悉的史料进行拼接和再加工,从而达到歪曲历史、污蔑我国老一辈领导人的目的。这种历史虚无主义通过互联网逆袭,削弱了部分网民对我国社会主义意识形态的认同度。又如,民警在执法的时候,一些人通过恶意剪辑的方式,或者只截取视频中的某一部分,让人们误以为正常的执法过程中存在问题。部分网民在没有了解事情全部真相的情况下,非理性地在网络上指责执法人员,使我们的人民警察遭受误解,舆论的扩大化也会使社会的不稳定因素增加。

尽管我国的互联网治理取得了一定的成效,但网上舆论工作面临的形势依然严峻。网上舆论工作是新时代党的新闻舆论工作的重中之重,只有把网上舆论工作做好,我国的社会主义意识形态才能在网络领域站稳脚,才能高举旗帜,把我国的中国特色社会主义道路走好。

(三)将互联网这个最大变量变成最大增量

意识形态工作的对象是人,人民群众在哪里,意识形态工作就要延伸到哪里。根据2020年中国互联网信息中心发布的报告显示,截至2020年6月,我国网民规模达9.40亿,互联网普及率达67.0%。[①] 我国的互联网用户逐年递增,互联网普及率已经达到了将近2/3的规模,可以说在如今的信息社会,大部分人都会从互联网上获取信息,网络是影响和改变人们思想观念的重要工具。这也是开展意识形态工作互联网是最大变量的原因所在。如果任由不法分子在网络上散布虚假和诈骗信息,任由境外敌对势力在网络上鼓吹颠覆国家政权的言论,那么我国的社会主义意识形态将会遭受严重的威胁。相反,如果我们能够加强网络空间的法治建设,加大网络上的正面宣传力度,那么互联网就会成为我们开展意识形态工作的最大助力。

新冠肺炎疫情暴发后,党和国家充分利用互联网展开思想宣传工作,体现了只要用好互联网这把"双刃剑",它就可以由最大变量变成最大增量,成为巩固和发展我国主流意识形态的有力手段。在疫情暴发初期,我国政府和相关部门便利用互联网及时发布新冠肺炎疫情的相关消息,包括疫情的最新进展、老百姓在日常生活中如何做好个人防护等,使广大人民群众充分认识到了这次疫情的严重性,大家都自觉投入疫情防控的斗争中来。在同新冠肺炎疫情斗争的过程中,一方面,国家会在互联网上每天发布疫情的实时数据,报道确诊人数和治

---

① 资料来源:中国互联网络信息中心,http://www.cnnic.net.cn/hlwfzyj/hlwxzbg/hlwtjbg/202009/t20200929_71257.htm.2020-9-29。

愈人数，这样做在很大程度上减少了人民群众的恐慌。另一方面，官方媒体和民间媒体会在网络上及时报道抗疫过程中涌现出的感人事迹，人民英雄是我们的榜样，广大医护工作者和人民子弟兵是筑牢生命防线的坚强后盾，还有那些疫情中的"普通人"，例如免费为医护人员送盒饭的餐馆老板，和风雨兼程驰援武汉的司机师傅，都贡献出了自己的力量。正是这些正面宣传和报道，极大地鼓舞了我们，使我们相信党和国家，相信一定可以战胜眼前的困难。

利用互联网建设社会主义意识形态，其中的重要内容之一就是要把我们的中国特色社会主义制度和道路宣传好。疫情期间央视二十四小时直播，数千万的网友见证了火神山医院十天时间从无到有的奇迹。正是网络的力量，让世界各国人民见证了中国特色社会主义制度的优势。今后，我们也要用好互联网这个最大增量，向世界传递更多的中国智慧和中国奇迹。

二、新媒体为社会主义意识形态建设带来的机遇与挑战

近年来，新媒体构成了意识形态工作的全新领域。随处可见，现在大部分年轻人的手机上都会有微信、微博和抖音等软件。人们利用这些软件获取信息，社会上发生的热点事件，甚至是国外的最新消息，也可以在第一时间获取。由此可见，在如今的信息社会，新媒体对人们的思想观念的影响是广泛性的，我们必须深刻认识，了解它为我们的意识形态工作带来了哪些机遇和挑战，才能深入开展工作，尽快掌握新媒体这一新型领域的主动权。

（一）新媒体的含义、特点及类型

新媒体是随着数字技术的发展而产生的传播形态，它主要利用网络

（计算机网络和无线通信网络）这一渠道向用户提供信息和服务，所以我们完全可以把开展新媒体的宣传思想工作纳入网络意识形态领域中来。近些年新媒体的涵盖范围越来越广泛，比如车载电视和高楼上的大屏幕，这些在以前都属于传统媒体，但随着信息技术的进步，它们都具备了成为新媒体的条件，改变着人们的生活。新媒体发挥作用离不开网络，如我们使用的智能手机，需要依靠互联网和通信网络才能获取到信息。

新媒体与传统媒体相比，具有以下特点。第一，媒体个性化突出。如今，媒体传播越来越平民化和私人化，在新媒体的基础上，越来越多的自媒体应运而生。自媒体指的是普通大众也可以利用新媒体手段对外传播事实和新闻，表达自己的观点与想法。第二，受众选择性增多。新媒体的到来，丰富了我们的生活，使我们在选择传播媒介上有了更多的自主性。例如，想要了解美国大选的最新情况，我们可以在手机上下载主流媒体的客户端，通过推送消息获取真实可靠的信息，其中既有文字报道，也有从美国现场传来的现场采访与报道。在其他软件上，也有各领域的专家教授，为我们带来对美国大选的解读。第三，表现形式多样。新媒体的类型多样，传统媒体受技术的局限，往往形式较为单一。而新媒体则是通过丰富的表现形式，牢牢地抓住使用者的眼球，使其在动听的音乐和有趣的视频中受到感染。第四，信息发布即时。传统媒体与新媒体相比发布信息具有滞后性，报纸的内容是根据前一天的内容整理而成，而通过新媒体，新闻和消息的传播真正做到了零延迟，这也对我们的新闻舆论工作带来了新的挑战。

目前新媒体主要包括以下三种类型。第一，手机媒体。如今的手机已经成为一台小型迷你电脑。人们不仅可以利用手机进行通话和视频，日常生活和工作同样离不开手机。人们可以利用手机进行支付、接收文件和办公，毫不夸张地说，如果没有手机，一个现代人很难正常生活。

在一部小小的手机里，就有几十个甚至更多的手机软件，其中社交类软件和学习类软件对人的思想观念能够产生重要影响，是我们开展新闻舆论工作和思想工作的重要领域。第二，数字电视。与传统的电视相比，数字电视涵盖的内容更加丰富。数字电视的分类功能可以使用户轻松收看自己感兴趣的栏目，也可以通过点播的形式观看自己喜欢的影视节目。利用以数字电视为平台构建的交互电视系统，人们也可以轻松接入互联网浏览信息。第三，互联网新媒体。互联网新媒体涵盖的内容十分广泛，实际上，以互联网为传播媒介的内容平台都可以叫作互联网新媒体。互联网新媒体具有互动性、开放性和实时性等优点，正是这一系列优点使它迅速获得了人们的喜爱。互联网新媒体的出现是人类需求和技术进步结合的产物。

（二）新媒体为社会主义意识形态建设带来的机遇

社会主义意识形态的巩固和发展需要顺应社会历史的发展潮流，利用新媒体技术的传播优势，扩大社会主义意识形态的新阵地。我国当前正处于实现中华民族伟大复兴历史任务的关键期，我们更应当利用新媒体的便捷性促进社会主义意识形态的发展，充分发挥新媒体"排头兵"的优势，用技术驱动补足以往宣传不充分、不全面的短板。

一方面，新媒体有利于扩大社会主义意识形态的宣传阵地。新媒体是新时代开展意识形态工作的重要载体，它增强了意识形态宣传和教育的影响力以及时效性。从教育对象的角度看，长期以来我国意识形态教育的重点关注对象是在校的青年大学生，然而广大的社会人员同样需要接受意识形态的宣传和教育，新媒体则为广大的社会人员提供了平台。例如人民日报 APP、腾讯新闻、微博等都为人民群众掌握国家大事提供了便捷的渠道，为人民群众表达意见和看法提供了机会。并且通过新媒体，国家也可以把最好的思想政治教育资源提供给广大社会成员，方便他们学习和观看。从国际角度来看，新媒体有利于拓宽社会主义意识形态的海外影响力，增强我国社会主义意识形态的话语权。长期以来，西方国家的一些媒体和政客利用各种事件诋毁中国和中国制度，挤压中国的国际舆论空间，损害中国的国际形象。面对这种情况，我们可以充分利用新媒体的优势对各种不实言论及时作出回应。并且讲述好中国故事，向世界各国人民展示我国的社会主义先进文化和社会主义建设。这样不仅可以消除部分国外群众对我国的误解和偏见，也有利于更好地展示我国的中国特色社会主义道路和制度。

另一方面，新媒体有利于创新社会主义意识形态的传播方式。要想掌握舆论战场的主动权，我国的主流媒体和思想政治工作者必须学会运用新媒体，改进和创新社会主义意识形态的传播方式，只有与时俱进才能受到年轻人的青睐。例如，共青团中央发起的"青年大学习"活动开展得十分成功，深受大学生的喜爱。"青年大学习"网上主题团课每期会设置不同的学习内容，全方位地深入学习和理解习近平新时代中国特色社会主义思想。主题团课通过视频的方式，每期不到十分钟的时间就可以使同学们掌握相关知识，增强学习的时效性。在新时代条件下，新闻工作者和思想政治工作者必须学会用好新媒体，这样才能创新形式、丰富内容，增强社会主义意识形态的吸引力。

❖ 相关链接

引导政务新媒体规范发展[①]

近年来，随着移动互联网的快速发展，政务新媒体犹如雨后春笋

---

① 文章来源：张凡：《引导政务新媒体规范发展》，《人民日报》2019年6月10日，第5版。

般不断涌现。从大家熟悉的"两微一端",到短视频平台、知识分享平台、音频平台等,数量众多、类型多样的政务新媒体,丰富了政务公开的途径,也成为贴近群众、服务群众的新渠道。

……

群众在哪里,服务就要到哪里。推动政务新媒体加强创新、健康发展,让政务服务更加亲民、更为智能,我们的政务服务就会为美好生活注入更多正能量。

(三)新媒体为社会主义意识形态建设带来的挑战

在认识到新媒体为我国意识形态建设带来重要机遇的同时,我们也要明晰新媒体的发展是一把"双刃剑",它也给我国的意识形态建设带来了新的挑战。新媒体虽然可以拓展社会主义意识形态的宣传阵地,但是它同样给了各种社会思潮生存发展的空间。同时,通过新媒体的信息共享,人们跨越了空间和时间的障碍,实现了不同群体的实时交流。人人都可以成为自媒体,成为信息的传播者,这加大了相关部门和新闻工作者对新媒体舆论的管控难度,社会舆论极易被非理性因素占据,威胁大众对我国主流意识形态的认同。

一方面,新媒体条件下社会主义意识形态易受不良思潮冲击。在历史的每个阶段,都会有社会思潮的出现,有的是在特定环境下自发形成的,有的则是由一些名人推动。顾名思义,社会思潮不同于一般的思想观念,往往在一定时期和一定范围内产生巨大的影响。当社会思潮同主流意识形态方向保持一致时,社会思潮会对社会稳定和经济发展起到一定的积极作用,但当社会思潮与主流意识形态相反时,它就会成为不稳定因素,威胁一个国家的意识形态安全和政治安全。在新媒体条件下,一些西方国家利用新媒体的渠道加快了对我国意识形态输出的步伐。一些不良社会思潮被隐藏在各种新媒体化的文字和视频里,很难立即发现并删除掉。例如,一些视频中会讲美国人合法持有枪支是自由民主的表现,但却不会提及美国的枪击案件频发,造成大量无辜的群众伤亡。此类视频虽然细究起来在逻辑上很难说通,但因为人为的剪辑和内容上避重就轻,非常具有迷惑性。因此,在新媒体条件下,一定要警惕各类不良思潮对我国社会主义意识形态的冲击。

另一方面,通过新媒体渠道极易控制社会舆论导向,削弱我国主流意识形态认同。舆论是社会心理的反映,正确的舆论能够真实地折射出事件的客观情况和人们的心理,是社会发展的晴雨表,是党和国家掌握人民内心需求和愿望的重要参考。而错误的舆论导向如不及时纠正,则会引发舆论危机,影响一个国家的社会治理。

而基于新媒体的监管情况和传播特性,信息社会更容易产生错误的舆论导向,在社会中产生负面影响。从监管的角度看,新媒体作为一种新事物,它的管理发展是一个螺旋上升的过程,在这之中不免会存在行业不规范和管理局限性的问题。一些新媒体公司为了扩大其利润以及关注度,不惜把娱乐至上、利益至上、金钱至上等有害思想放入内容中来博人眼球,触及了主流价值观的底线。新媒体的信息传播速度快、传播范围广,人们面对海量信息的时候很难辨别其真伪,极易盲目地跟从错误的社会舆论,从而对我国的社会主义意识形态造成冲击。

面对新媒体为社会主义意识形态建设带来的挑战,党和国家必须主动出击,依法加强和建设新媒体的监督和管理机制。同时,危中有机,我们在建设社会主义意识形态的过程中应抓住机遇,拓展传播渠道、创新传播理念和方式,使新媒体成为反映人民内心真实需求、展现党和国家良好形象的有力工具。

三、营造风清气正的网络环境,加强主流意识形态宣传

网络是亿万人民群众的精神家园,我们绝不能任由各种错误思想和颠覆国家政权的言论大行其道,绝不能让各种违法活动在网络空间横行,在网络空间中也要维护好人民群众的根本利益。为此,我们必须建设良好的网络生态环境,加强主流意识形态宣传,使正能量和主旋律在网络空间高昂,用健康向上的网络文化滋养大众的内心。具体来说,要从内容建设、队伍建设和法治建设三个方面营造风清气正的网络环境,加强主流意识形态宣传。

(一)加强网络主流意识形态内容建设

加强网络主流意识形态内容建设,应把握好以下三点。第一,网络主流意识形态内容要以正面宣传为主。习近平总书记指出:"团结稳定鼓劲、正面宣传为主,是党的新闻舆论工作必须遵循的基本方针。"①为什么要以正面宣传为主?因为以正面宣传为主是凝聚人心的需要。如果在网络化信息化的社会中负面信息满天飞,就会产生许多虚假和有害信息,具有严重的社会危害性。这样既不能够反映社会的客观发展情况,我们的中国特色社会主义事业也会受到影响。当然,以正面宣传为主不是说不需要报道负面信息。任何事情超出了度的界限都会产生危害,如果对负面信息少报甚至瞒报,不仅会损害公民对各种信息的知情权,也会降低媒体自身的公信力和权威性。负面新闻具有的舆论监督作用和警醒反思作用是不可替代的。因此,在网络上坚持正面宣传为主的同时,需要适度、客观、理性地对负面新闻进行报道。

第二,网络主流意识形态内容要紧贴人民群众的生活。当前,

---

① 习近平:《论党的宣传思想工作》,中央文献出版社 2020 年版,第 186 页。

我国的社会主要矛盾已经发生转变，这也对我们的网络意识形态工作提出了新要求。从需求侧的角度来说，人民群众的需求日益多元化，然而由于网络中一些错误思想的引导，人们的需求观和价值观可能出现偏差，例如一些年轻人被消费主义和享乐主义误导。为此我们必须加强主流意识形态的引导，树立正确的需求观和价值观。从供给侧的角度来说，我国社会发展的不平衡不充分问题仍十分突出，加强网络主流意识形态内容建设，我们不仅要及时解释社会发展中存在的各类问题和现象，还要说明主要矛盾的阶段性，鼓舞人民群众团结奋斗。

第三，网络主流意识形态内容要用通俗的生活化语言进行传播。在革命年代，灌输是开展意识形态教育的主要手段。然而在现代社会中，我们的主流意识形态宣传要和日常生活相结合，要用老百姓能听得懂的语言进行传播，而网络则为我们提供了这样一种契机。例如，党的重要会议召开后，思想政治工作者应充分运用网络手段，用通俗易懂的语言向群众宣传好会议精神。

（二）加强网络主流意识形态队伍建设

意识形态工作具有特殊性和复杂性，这就要求我们有一支素质高、能力强并且政治立场坚定的意识形态工作队伍。同时，网络化信息化也对我们的意识形态工作队伍提出了新的要求，只有不断加强网络主流意识形态队伍建设，才能有效应对来自网络的意识形态安全风险，才能够有效维护国家的政治安全。

一方面，建立好网络主流意识形态宣传、管理和应急团队。第一，网络主流意识形态的宣传队伍建设。宣传队伍的职责包括国内和国外两个方面。国内方面，意识形态工作队伍要借助网络技术和平台积极宣传党的方针政策，要用主旋律鼓舞人心、凝聚共识，针对各种错误思想要主动出击,帮助广大群众在纷繁复杂的网络环境中保持理性的认识。国外方面,意识形态工作队伍要在网络中把我国的发展道路和发展理念宣传好,消除和化解西方媒体歪曲事实的言论对我国造成的不良影响。第二,网络主流意识形态的应急队伍建设。对于社会治理中的突发事件,应急队伍应紧跟形势,评估意识形态安全风险,并在网络上及时消除各种隐患,从而避免形成大的舆论风暴。

另一方面,对意识形态工作者开展网络培训。当前,我国的意识形态工作队伍不断壮大,逐渐形成了一支政治坚定、作风优良的工作队伍。但是,面对网络技术的飞速发展,仍存在一些工作人员不擅长同网络打交道的现象。针对这种情况,还需要不断加强意识形态工作者的网络培训,使我们的队伍善于使用现代传媒技术,对网络意识形态安全风险始终保持高度的政治敏锐。让意识形态工作者成为网络的行家、专家,只有这样,意识形态工作才能过好互联网这一关。

(三)加强网络主流意识形态法治建设

从网络意识形态安全建设的实践来看,法治是维护国家网络意识形态安全的重要保障。网络的便捷为一些人从事网络非法活动和散布错误思想提供了平台,基于网络技术的复杂性,执法人员在工作中对一些严重危害主流意识形态安全的行为,存在追责困难、处罚威慑力不足等问题。网络不是法外之地,应当在意识形态工作中,以法治建设保障我国的网络意识形态安全。

第一,立法层面。从目前的法律法规来看,《网络安全法》为维护网络意识形态安全提供了最主要的法律依据。在《网络安全法》之外,应尽快补充和完善相应的法律法规,加大对危害国家意识形态安全行为的处罚力度。例如,近年来在网络虚名化的背景下,出现了一些恶意丑化、诋毁,甚至是侮辱英雄烈士的现象,这种现象不仅侵害英雄烈士本人及其近亲属的人格利益，也给其后人、近亲属造成极大的精神损害，极大地危害社会公共利益。针对这种情况，我国及时出台了相应的法律法规，加强了对英雄烈士的保护力度。

第二，执法层面。一方面，加强网络执法人员队伍建设。习近平指出，对于意识形态安全领域的突出情况，"要高度重视苗头性、倾向性问题，打好主动仗，防患于未然"①。对于危害网络意识形态安全的不法行为，网络执法人员应及时出击，依法对违规和不法行为进行查处。另一方面，升级网络执法装备。针对网络舆情监控，执法人员可以通过云计算等技术，对手中掌握的海量信息资源进行情报分析，及时发现威胁目标或者潜在的威胁因素，从而能够有效针对威胁采取相应措施。

第三，守法层面。网民是维护网络意识形态安全的主力军，培养网民的法治意识，使网民认识到意识形态安全的重要性。加强对网民的普法教育，使网民不随意散播谣言和错误言论，增强其责任意识。同时，如果在网络中遇到了敌对势力的干扰和破坏，应学会运用法律途径解决问题，及时上报给网络监管部门。在这之中尤其要做好对青少年的普法教育，一些青少年由于涉世未深，人生观和价值观尚未定型，面对复杂的网络环境，更需要相关部门加强引导，强化青少年的法治意识。

❖ 知识拓展

2016年11月7日，第十二届全国人大常委会第二十四次会议表决通过《中华人民共和国网络安全法》，2017年6月1日，《网络安全法》

---

① 习近平：《论党的宣传思想工作》，中央文献出版社2020年版，第22页。

正式施行。

《网络安全法》是我国第一部全面规范网络空间安全管理方面问题的基础性法律,是我国网络空间法治建设的重要里程碑,是让互联网在法治轨道上健康运行的重要保障。

四、加快推动媒体融合发展,使主流媒体具有强大传播力和引导力

新媒体的飞速发展使媒体格局和传播方式都发生了深刻的变化,不仅传统媒体面临着转型压力,新媒体也面临着传播信息零散化、内容把关难等问题。媒体格局和传播环境的改变对意识形态工作提出了挑战,在如今网络化信息化的时代人人都是自媒体,面对这种情况,我们应如何做大做强主流舆论?如何使我们的主流媒体更有效地进行思想引领和价值引领,更好地服务于人民群众?为此,我们必须加快推动媒体融合发展,使主流媒体具有强大传播力和引导力。

(一)坚持一体化发展方向

一体化发展不是传统媒体和新媒体的简单合并。把传统媒体的内容搬运到互联网中,或者把内容放在手机软件中并不是媒体融合。一体化发展是要求在素材选取、内容生产、编辑审稿和发行展示等各个环节实现一体化,最终到达"你就是我,我就是你"的目的。而在这个过程中,要打破传统媒体运行过程中的思维定式,将思维方式从产品价值导向转变为用户价值导向。以素材选取为例,在一体化发展的过程中,节目、报道、报刊内容的选取不再是单向的"我播你接受",而是要通过信息技术手段精准地定位用户需求,增强内容的吸引力。

如何实现一体化,打造一批具有强大影响力、竞争力的新型主流

媒体？一方面，内容产品的一体化。要打造新型主流媒体，使其具有影响力和竞争力，做好内容才是根本。所谓内容产品一体化，指的是在整合各种媒体资源和生产要素资源的基础上，实现内容产品在不同媒体形态之间的自由切换，从而提高内容产品的创新力和生产效率。例如，主流媒体要对党的一项最新政策进行宣传报道，在经过素材选取后，除了在电视、报刊和网络平台进行报道以外，还要对内容进行多元加工，以图像、视频、音频等多种形式呈现出不同的内容产品，从而针对不同人群开展宣传思想工作。另一方面，组织运营的一体化。组织运营一体化，就是要实现技术、平台、人员队伍的整合优化，推出更多优质的现象级产品，从而有效壮大主流舆论，使主流媒体更具有吸引力和竞争力。

❖ **相关链接**

推动融合发展，主动借助新媒体传播优势[①]

融策划、融采集、融制作、融传播。《人民日报》把建好、用好中央厨房作为推进媒体深度融合的关键突破口，推动融合报道生产加工机制全面向编辑部、国内外分社、社属媒体等采集源头延伸，并为各类新闻产品推广提供了立体通道，形成了党报传播的多平台、多渠道、多声部合唱。

……

在"融"中创造，在"合"中提升。准确把握政治规律和新闻规律，积极寻找情感共鸣点和传播切入点，2017年至今，人民日报社融

---

① 文章来源：魏贺、许晴：《融合，彰显主流媒体担当》，《人民日报》2018年9月10日，第9版。

媒体产品实现井喷，平均每月产生1至2个浏览量过亿的"网红"产品，目前已累计推出百余个浏览量破千万的"爆款"，让核心价值更"聚粉"，让主流声音更响亮。

（二）坚持移动优先策略

所谓移动优先，指的是基于移动互联网的任何传播媒介和平台，都应当成为信息传播的主渠道和制高点。如今，随着智能手机的普及，人们获取信息的主要方式已经转移到了移动平台上。人民的关注点在哪里，我们的新闻舆论工作的重点就应该放在哪里。在媒体融合过程中，传统媒体如何向移动平台转变和升级，是至关重要的一环。移动优先不单单是传播渠道向移动端转变，放眼全局，移动优先更是传播范围和传播效果的全面升级。为此，需要我们将资源和人才集中到移动平台上。并且，随着5G技术在未来的普遍应用，物联网的应用场景不断扩大，移动化的传播媒介也将不断增加，移动优先策略也必须及时跟进，关注的重点由手机端向更多的领域延伸。

为何要坚持移动优先策略？移动优先是主流媒体进行发展和创新的重要手段，也是开展宣传思想工作要重点关注的对象。要想牢牢抓住用户的眼球，更好地对其进行思想引领，主流媒体必须高度重视移动平台建设，以优质的内容留住用户。如今，主流媒体高度重视"两微一端"建设，越来越多的群众利用主流媒体创办的公众号和客户端学习党的最新理论知识，移动优先策略已经初显成效。

如何做到移动优先？在今后想要更好地坚持移动优先策略，我们还需在创新管理上下功夫，重视移动端新闻生产的各个环节；在技术应用上下功夫，以先进的技术引领传统媒体进行移动平台建设；在个性化、精细化的服务上下功夫，基于大数据支撑，为用户进行个性化服务和精准推送。主流媒体要紧跟时代步伐，牢牢占据信息传播制高点，让党的声音传播得更远。

(三) 依法加强新兴媒体管理

新媒体的发展为群众表达诉求和心声提供了便捷的渠道，人们也可以利用新媒体平台尽情地与人交流沟通，对自己生活中经历的事情和社会中发生的事件表达观点和想法。言论自由是宪法赋予我们的权利，我们当然可以充分享有和行使权利。然而，言论自由不是绝对的言论自由，而是相对的言论自由。如果超出法律赋予我们的范围，言论就会变成谣言，在新媒体时代会更容易带来严重的社会问题。因此，我们必须深刻认识到新媒体是容易遭受意识形态安全威胁的高风险地带，我们必须依法加强新兴媒体管理，以主流媒体为引领，以法治建设为保障，及时对错误言论和谣言进行纠正和监管，从而在新媒体时代维护好国家的意识形态安全。

首先，依法加强新媒体平台监管。不管是新媒体还是传统媒体，能够传播正能量的媒体才是好媒体。依法加强新媒体平台监管，一方面是对平台管理和运营者进行监管，新媒体平台的用户众多，运营者对其平台应负主要责任并应积极履行维护网络安全的义务。另一方面是对新媒体传播内容进行监管，依法查处不良信息和有害信息，让主流声音在新媒体平台上占据重要位置。

其次，依法加强自媒体监管。我们可以把自媒体理解成新媒体的子集，自媒体包含的新媒体之中。依法加强自媒体监管，一方面要明确平台的主要管理责任，定期对散布虚假信息、谣言、抄袭、涉黄低俗等内容的自媒体账号进行处置。另一方面，完善相关法律法规，明确自媒体账号运营者的权利和义务，使其积极传播充满正能量的内容，弘扬社会主义核心价值观。

最后，加强新媒体用户的法治教育。构建良好的网络生态，网络上的广大用户是主要推动力。依法加强新媒体用户的法治教育，使其了解网络意识形态安全的重要性。网民在上网和利用新媒体学习和生活的过程中，不应盲目接受看到的信息，而是要保持理性，对网络谣言和错误思想要有一个基本的判断。同时，如果看到有害信息，新媒体用户应及时进行举报，防止有害信息扩散造成不良影响。

经典案例

美国的网络部队建设威胁我国意识形态安全

如今，世界各国都越来越重视信息军事力量的建设。美国是最早组建和发展网络部队的国家，在2003年的伊拉克战争中美国对网络信息战的手段运用更加广泛和成熟。在战争前夕，伊拉克许多军政要员都在他们的邮件中收到了美国的"劝降信"，动摇了伊拉克方面的"军心"。除此之外，美国历届政府都会出台文件对信息军事力量进行顶层设计。

美国的网络部队建设对我国意识形态安全构成威胁。参考美国对其他国家的信息战，2004年4月，美国就给利比亚断网，让利比亚从互联网上消失了3天；2009年伊朗大选过程中，西方媒体利用互联网和以twitter为代表的新型网络工具进行舆论煽动，造成了伊朗的巨大政治动荡。从上述事例可以看出，美国利用互联网技术优势，可以任意删除或加工信息，进而在信息不对称的情况下煽动和蛊惑目标群体，给其他国家的意识形态安全造成了严重的危害。

核心信息技术是捍卫信息主权的国之重器，只有将核心技术掌握在自己手中，才能掌握竞争和发展的主动权。以大数据技术为例，大数据相关技术主要包括数据采集、数据存储、数据分析以及数据可视化处理。目前国内多数大数据工具还是基于国外核心技术开发。一些互联网中的大数据，大部分掌握在外资企业的手中，他们运用强大的数据处理分析技术进行分析，这些数据不仅会提高国外企业的竞争力，如果发动信息战，那么这些泄露的数据将会变成攻击我们最有利的武器。因此，我国需要积极推动网络强国建设，以坚实的信息技术实力捍卫我国的网络空间，维护国家网络意识形态安全。

第九章

新时代我国社会主义意识形态国际话语权建设

伴随我国综合实力的稳步提升，国际意识形态斗争也更加尖锐，巩固和提升我国意识形态国际话语权成为一个越来越重要的课题。以习近平同志为核心的党中央，站在推动人类文明进步、共建美好地球家园的高度，提出"人类命运共同体"等一系列顺应历史发展规律的外交理念，赢得国际社会高度赞誉，极大提升了我国国际话语权。但是，国际话语权格局至今仍处于"西强我弱"态势，我国意识形态国际话语权建设还面临着诸多现实挑战。为此，必须打牢我国意识形态国际话语权的坚实地基，彰显旗帜、道路正确性和制度优势；必须扩大世界各国利益交汇点，提升社会主义意识形态国际感召力；必须全方位构建国际话语传播体系，为社会主义意识形态国际传播提供有力保障。

一、中国的话语权实质上是社会主义意识形态话语权

话语本是人与人之间交流互动的工具，但意识形态话语背后却隐藏着复杂的权力关系和利益诉求。自美苏争霸以来，国际话语权的争夺实质上已经演变为社会主义意识形态与资本主义意识形态抢占国际话语主导权的斗争和较量。苏联解体后，美国开始对中国展开全方位进攻，特别是妄图通过"和平演变"战略从内部分化和瓦解中国。目前，随着中国日益走近世界舞台中央，国际社会评论中国的声音越来越多，其中既有肯定和赞扬，也有不少质疑、抹黑和丑化。为此，立足新时代这一坐标，面向中国与世界同步发展的未来，全方位建设社会主义意识形态国际话语权，对于树立"四个自信"、打造人类命运共同体具

有重要的时代价值。

（一）话语权与意识形态国际话语权

哲学家米歇尔·福柯曾指出，话语活动背后存有难以想象的权力和危险。话语即权力，人们通过话语赋予自己权力。① 也就是说，福柯认为，话语蕴含着权力关系，话语既是斗争、控制和奴役的工具，也是人们争夺的对象和目标。学界对"话语权"的认识莫衷一是，主要是对"权"字的理解存有争议，可概括为三类：一是话语权利论，二是话语权力论，三是话语权利与话语权力统一论。但是，其中存在不少认识误区，比如将话语权理解为言论自由，等同于国家主流意识形态或核心价值观，或认为话语权利能够转化为话语权力。② 实际上，话语权既是权利也是权力，权利是前提，权力是实质。对话语权概念的界定，应当遵循话语权的生成逻辑，即谁在说、说什么、怎么说以及说的效果如何。概言之，话语权是指话语主体借助话语载体对国内外重大议题所表达的立场和观点对受众产生的影响力。与世俗权力相比，话语权是一种软权力，具有非强制性的特征。在网络开放化和政治民主化的时代，话语权对受众的影响力并不能通过外在强制来实现，而只能通过争取受众的自觉认同来加强。③

当前，世界正经历百年未有之大变局，国际意识形态话语权斗争方式更加隐蔽。因此，各国执政党不仅重视国内主流意识形态建设，而且积极参与国际社会重大议题讨论以扩大其国际话语权。国际话语

---

① 许宝强、袁伟：《语言与翻译的政治》，中央编译出版社2001年版，第2页。
② 杨云霞：《话语"权利"抑或"权力"：辨析与再认识》，《人民论坛·学术前沿》2021年第6期，第94—102页。
③ 陈曙光：《话语权是一种什么权力》，《光明日报》2015年1月15日，第16版。

权是指一国立场和主张在国际场合所具有的影响力。①提高国际话语权主要是为维护国家利益，牵涉到国家政权、理论旗帜、发展道路、社会制度及文化吸引力等内容。可见，国际话语权事关家国存亡和民族命运。习近平总书记强调，落后就要挨打，贫穷就要挨饿，失语就要挨骂。②争取国际话语权就是为了使"挨骂"问题得到根本解决。

（二）我国意识形态国际话语权的历史演进

新中国成立后，中华民族展现出独立自强的昂扬姿态，开启了扩大国际影响力、争取国际话语权的新征程。从历史视角看，我国意识形态国际话语权大致经过了崭露头角期、韬光养晦期和举足轻重期的发展演变。具体过程如下：

1. 崭露头角时期（1949—1978）

在西方列强武力逼迫和商品倾销之下，近代中国一步步沦为任人宰割的羔羊，国际地位每况愈下，国际话语权几近于零。1949年，新中国在严峻的内外局势中诞生，开始以独立平等的姿态争取国际事务话语权。1953年和1955年，中国分别提出"和平共处五项原则"和"求同存异"外交方针；1971年联合国合法席位恢复后，我国国际地位显著攀升；1972年中美达成历史性、战略性共识，我国形成外交新局面，接连与18个国家建立外交关系，国际影响力大幅跃升；1973年至1974年，毛泽东相继提出"一条线""三个世界"等外交战略，推动了反霸国际统一战线的形成。总体而言，1949年至1978年，中国提出的一系列维护和平、促进合作的外交理念和战略方针获得了国际社会的广泛认同，中国开始在世界舞台上崭露头角，国际地位不断提升，国际话

---

① 张国祚：《努力提高中国国际话语权》，《人民日报》2017年5月16日，第8版。
② 习近平：《在全国党校工作会议上的讲话》，《求是》2016年第9期，第3—13页。

语权明显增强。但是，受美苏争霸局势和国力薄弱的限制，我国意识形态国际话语权仍然处于被动斗争地位，缺乏战略自觉意识。

2. 韬光养晦时期（1978—2008）

1978年，改革开放伟大决策极大解放和发展了我国社会生产力，国家各项事业欣欣向荣，引来国际社会的密切关注，为我国提升意识形态国际话语权打下了良好基础。但是，基于对我国国情和国际力量对比的清醒认识，党中央决定实行"韬光养晦、有所作为"方针。1990年，邓小平对一些发展中国家期望中国当头作出回应。他说，我们千万不要当头，这是一个根本国策。这个头我们当不起，自己力量也不够，但在国际问题上还是要有所作为。①1991年苏联解体后，社会主义意识形态国际话语权直线跌落。面对社会主义严重受挫的现实窘境、中西实力对比的明显差距以及西强我弱的国际舆论态势，1992年邓小平提出："我们再韬光养晦地干些年，才能真正形成一个较大的政治力量，中国在国际上发言的分量就会不同。"②经过经济体制改革，我国发展活力得到释放，综合实力稳步提升，但与西方国家的发展差距仍然明显。1998年江泽民强调，要韬光养晦，收敛锋芒，保存自己，徐图发展。③进入21世纪，特别是中国加入世界贸易组织以后，国际地位及国际话语权持续提升。2005年，胡锦涛提出建设"和谐世界"的理念，收获国际社会诸多好评。总而言之，从1978年改革开放到2008年金融危机爆发以前，我国出于发展经济、增强实力的战略考量，在国际场合中多保持不当头、不得罪的低调姿态，因而国际话语权处于缓慢发展阶段。

---

① 《邓小平文选》（第3卷），人民出版社1993年版，第363页。
② 《邓小平年谱（一九七五—一九九七）》（下），中央文献出版社2004年版，第1346页。
③ 《江泽民文选》（第2卷），人民出版社2004年版，第202页。

3. 举足轻重时期（2008年至今）

2008年金融危机席卷全球，世界经济秩序遭受巨大冲击，资本主义制度局限和监管缺陷暴露无遗。在这场来势汹汹的金融风暴中，欧美发达国家深受重创、回天乏术，而中国凭借厚实的经济基础和严格的金融管控成为此次危机中的中流砥柱，客观上为中国提升国际地位和国际话语权提供了重要契机。2008年，温家宝总理提出，要提升新兴国家及发展中国家的知情权、话语权和规则制定权。2009年，中国提出一系列应对国际金融危机、改革国际金融体制的建设性主张，极大提振了国际社会共渡难关的信心，也极大提升了我国的国际声望。[①]进入新时代，党中央更加重视国际话语权建设，并通过打造国际话语概念、构建国际话语平台、参与国际机制建设、积极承担大国责任等途径，我国国际话语权和影响力实现了质的飞跃。一是提出"一带一路"、"新安全观"等一系列具有国际感召力的话语概念和外交理念。二是举办多个大型国际会议，搭建了话语平台，提高了议题设置能力。三是设立"亚投行"等多边机构，提升了我国制定国际规则的能力。四是广泛援助国际社会需要帮助的国家，积极承担国际责任义务，树立"负责任大国"良好形象。概言之，自国际金融危机爆发以来，国际话语权呈现"东升西降"的发展趋势。随着中国经济稳健增长，中国道路的正确性、中国理论的说服力、中国制度的优越性、中国文化的吸引力节节攀升，中国主张在国际舞台上举足轻重。

（三）新时代社会主义意识形态国际话语权建设的价值意蕴

近年来，党和国家各项事业加快发展，为我国争取国际话语权提

---

① 陈正良、王宁宁、薛秀霞：《新中国成立以来中国国际话语权的演变》，《浙江社会科学》2016年第6期，第43页。

供了坚实基础。现如今,国际竞争不仅涵盖硬实力比拼,还涉及软实力较量,而国际话语权就是衡量"软实力"强弱的重要维度。无论从历史启示还是实践需要来看,争夺国际话语权对于维护国家根本利益、树立良好国际形象、引领世界平衡发展都具有重大现实意义。

第一,维护国家根本利益。世界各国争夺国际话语权的出发点和落脚点都是维护国家根本利益。从中美贸易战、香港修例风波、中印洞朗对峙等一系列事件中可以看出,澄清客观事实,申明中国立场,发出中国声音,是维护国家经济、主权、安全等根本利益的必要举措。新中国成立以来,我国虽十分渴望提升国际影响力和话语权,但从未放弃独立自主、自力更生的发展原则,始终坚持维护国家核心利益的外交底线。面对外部势力的横加干涉和挑衅滋事,习近平主席在多个场合郑重宣告:"中国人民不信邪也不怕邪,不惹事也不怕事,任何外国不要指望我们会拿自己的核心利益做交易,不要指望我们会吞下损害我国主权、安全、发展利益的苦果。"[1]

第二,塑造良好国际形象。苏联解体后,资本主义列强在国际社会大肆宣扬唱衰中国的口号,妄想彻底击垮社会主义国家,实现资本主义独霸全球的美梦。接连不断的话语炮弹的确对我国民众思想产生了消极影响,甚至出现信仰危机。面对此种形势,邓小平同志义正词严:"一些国家出现严重曲折,社会主义好像被削弱了,但人民经受锻炼,从中吸取教训,将促使社会主义向着更加健康的方向发展。"[2] 马克思主义不会消失,也没有失败。如今,发达国家对日益崛起的中国仍然充满敌意、虎视眈眈,频繁散布"中国威胁论""中国模式输出论"等谣言,设计"中国崩溃论""中国责任论"等话语圈套,破坏中国国际形象,

---

[1] 习近平:《在庆祝中国共产党成立95周年大会上的讲话》,《人民日报》2016年7月2日,第2版。
[2] 《邓小平文选》(第3卷),人民出版社1993年版,第383页。

离间中国的国际合作关系。因此,必须强化对外传播能力,用和平发展的中国故事破解不依不饶的话语攻势,才能塑造我国良好国际形象,争取最广泛的国际支持,从而巩固我国的国际地位。

第三,引领世界和平发展。列宁指出,政治和经济发展不平衡是资本主义的绝对规律。① 在世界历史上,西方列强常常因划分势力范围引发战争,导致整个世界陷入腥风血雨。回望遭受列强侵略的屈辱历史,反思世界大战带来的沉重伤害,中华民族拒绝走资本主义国家霸道崛起的老路,多次表明和平发展决心,发布《中国的和平发展》白皮书,呼吁打造人类命运共同体。但是,国际社会一些居心不良的政客,仍然抱守冷战思维和零和博弈思想,抛出"修昔底德陷阱"等论调,妄图国际社会孤立中国。因此,作为具有世界情怀的发展中大国,中国怀揣共建共享治理理念,积极为小国弱国发声,用共赢事实反驳不实谬论,推进国际民主,关切合理诉求,推动世界朝着和平稳定的方向发展。

❖ 知识拓展

"修昔底德陷阱" ②

古希腊历史学家修昔底德曾苦思求索伯罗奔尼撒战争爆发的主要原因,他最后得出的结论是斯巴达对雅典崛起产生的恐惧导致了这场大战的爆发。在当代国际关系领域,哈佛大学雷厄姆·艾利森教授将这种守成大国与崛起大国之间的冲突不可避免要引发战争的思维称为"修昔底德陷阱"。

---

① 《列宁选集》(第2卷),人民出版社1995年版,第554页。
② 王义桅等:《正确认识"修昔底德陷阱"》,《人民日报》2016年4月17日,第5版。

随着中国日益走向强盛,国际社会开始忧虑"世界霸主"美国或将与迅速崛起的中国发生强烈冲突进而危及世界和平与安宁。2014年,习近平主席在一次专访中郑重表示:"我们都应该努力避免陷入'修昔底德陷阱',强国只能追求霸权的主张不适用于中国,中国没有实施这种行动的基因。"2015年访美时习近平主席再次警示:"世界上本无'修昔底德陷阱',但大国之间一再发生战略误判,就可能自己给自己造成'修昔底德陷阱'。"

二、新时代我国意识形态国际话语权面临的严峻挑战

2012年以来,我国国际话语权和国际传播能力建设取得一系列可喜成绩。但是,面对当前百年未有之大变局,我国意识形态国际话语权建设仍旧面临着西方话语霸权的压制、国际社会的误解以及我国意识形态国际传播能力较弱等严峻挑战。

(一)西方话语霸权的长期压制

西方话语霸权是建立在资本主义国家强大的硬实力基础之上的,在苏联解体后得到强化。两极格局破碎后,美国打着"政治正确"的旗号,趁机在全球兜售资本主义经济模式、政治理念和"普世价值",加紧实施意识形态进攻,占据国际舆论制高点,主导国际舆论走向,确立起资本主义话语权霸权地位。克林顿曾公开宣称,要使西方价值观统治世界,实现思想的征服。[①] 东欧剧变的残酷现实,使社会主义意识形态国际话语权跌落谷底,部分国家甚至开始怀疑社会主义和共产主义的发展前途,陷入"该向何处去"的困惑。

---

① 陈曙光:《话语权是一种什么权力》,《光明日报》2015年1月15日,第16版。

进入 21 世纪，一些不顾自身国情和实际、照搬照抄西方资本主义发展模式的国家，开始出现经济停滞、党派纷争、战火连天等现象，世界各国逐渐清醒地认识到罔顾实际的后果。2008 年以来，滋生于资本主义根本矛盾的社会问题更是暴露无遗，"西式民主""资本至上"的理念在国际舆论中和社会心理上濒临破产，西方话语霸权地位开始由盛转衰。受冷战思维和零和博弈观念的束缚，以美国为代表的西方发达国家发动新一轮进攻。这种进攻具有如下新特征：一是话语内容从政治领域扩展到经济、社会、网络、能源、生态等其他领域；二是话语主体从官方机构发展为政府部门、新闻媒体、跨国公司、社会组织、公民个体共同发力；三是话语空间从科学技术界拓展到大众日常生活；四是话语形式从信口雌黄的荒唐论调转向建构各类指标体系。① 总之，西方国家仰仗其雄厚财力和技术优势，不断升级资本主义意识形态传播和渗透。并且，在信息时代，西方话语霸权呈现出方式隐蔽化、对象年轻化、空间生活化的扩张趋势。

改革开放以来，我国国际话语权迅速提升，但"西强我弱"的国际话语局势并未根本改变，我国在话语战略自觉、理论概念凝练、信息技术创新、传播平台打造等方面还存在诸多短板和制约因素。因此，在中国走近世界舞台中央的新时代，为推动我国经济实力顺势转化为国际话语权力，必须研究西方话语霸权的发展趋势和扩张特点，揭示"西方中心主义"话语霸权的政治影响和现实危害，树立"四个自信"，抵御西方"和平演变"战略侵蚀。

---

① 阚道远：《西方话语霸权建构的新动向及其政治影响》，《思想理论教育导刊》2018 年第 11 期，第 87—89 页。

（二）国际社会的误解和疑虑

40多年的励精图治使中国面貌焕然一新，今日之中国再也不是那个被鄙夷的贫穷落后之国，而是举世瞩目的兴旺发达之国。中国和平崛起既获得了国际社会的广泛支持，同时也引起了部分国家的误解和猜疑，削弱了中国的国际话语权。

一方面，守成大国忧虑中国崛起会威胁其霸权地位和阶级利益，大肆抹黑中国国际形象，歪曲中国外交政策。冷战结束后，国际规则由资本主义强国主导制定，并在全球确立起自由主义国际秩序，为少数统治阶级及其背后的利益集团服务。长期"唯我独尊"的美国，面对迅速崛起的中国，开始担忧自己的霸权地位和阶级利益受到威胁，于是联合资本主义盟友想方设法遏制和打压中国。在经济方面攻击中国的论调有"过剩产能输出论""债权帝国主义论"；在政治领域诽谤中国的谣言有"威权社会主义论""中国威胁论"；在社会方面非难中国的借口有"强迫劳动论""侵犯人权论""网络攻击论"；在生态文明方面指责中国的辞藻是"中国破坏环境论"。总而言之，西方国家恐惧中国崛起是由唯我独尊和利益至上的思维模式所决定的。[①] 尽管中国始终对外宣示和平发展的决心，但西方资本主义阵营对中国发展道路、经济模式、政治制度、价值观念的攻击和责难在短期内仍然不会停止，这是我国提升国际话语权必须面对的一大挑战。

另一方面，周边邻国担忧中国崛起会侵犯其领土主权，破坏区域和平稳定，对中国发起的国际合作疑虑重重甚至采取抗拒态度，降低了中国的认同度和影响力。中国是一个海陆兼备的国家，领土领海主权

---

① 朱锋：《面对中国的崛起，西方为什么忧虑》，《人民论坛·学术前沿》2020年第5期，第19页。

争端问题自新中国成立以来就此起彼伏、层出不穷。其中,有些地缘冲突是由历史遗留问题所致,而有些冲突则是因西方国家的挑拨所引起。在一个极力渲染"国强必霸"和"中国威胁论"的国际舆论环境中,周边邻国难免会产生中国崛起将威胁自身安全和利益的猜疑,进而对中国的外交政策以及中国发起的国际合作持怀疑和防备态度,影响双方经济合作和政治互信。如印度就认为"一带一路"是中国谋求势力范围的手段,对"一带一路"倡议持怀疑甚至反对态度。[①] 如何消除周边邻国的误解和疑虑?中国只有加强与周边国家的对话沟通,提升政治互信,使"一带一路"参与国真切感受到"亲"和"诚",真实享受到"惠"和"容",才能获得国际社会的广泛支持,提升中国的国际话语权。

❖ 相关链接

对"一带一路"的误解和偏见终究会被事实打脸[②]

在"一带一路"建设取得巨大成就的同时,某些西方国家仍对"一带一路"倡议抱有戒心,经常发出一些不和谐的声音,给"一带一路"建设扣上"债务陷阱"的帽子,并且在全球范围内进行鼓吹,抹黑"一带一路"。但是这些"抹黑之词"和乱扣的"帽子"经不起推敲,在事实面前被啪啪打脸。

中国人最爱用事实说话。"一带一路"给各国带来的实际好处,使得"一带一路"倡议得到了多数国家和国际组织的支持,并取得了举

---

① 陈金明、夏雨露:《印度对"一带一路"倡议的疑虑与消解》,《三峡大学学报》2019年第4期,第19—23页。

② 文章来源:中央广电总台国际在线,http://news.cri.cn/20190426/88408ebc-7cdc-aa4e-7e97-f1d9b298d759.html.2019-4-26。

世瞩目的成就。

……

总之，事实胜于雄辩，"一带一路"不断发展壮大本身就是对各种抹黑最有利的回应，那些抹黑"一带一路"，乱扣帽子的终究会被事实打脸。

（三）我国意识形态国际传播能力的限制

争夺意识形态国际话语权离不开国际传播。只有通过国际传播，中国的意识形态才可能被世界各国及其人民充分了解，进而获得广泛认同并转化为实际行动。但是，当前我国意识形态国际传播能力明显处于弱势地位。因此，在世界联系更加紧密的新时代，只有不断提升国际传播能力和水平，建设一批有影响力的国际传播机构，才能更好向世界展现真实、全面、多彩的中国。

"二战"后，西方国家依靠自身优势资源建构起强大的意识形态国际传播体系，竭尽所能向全世界推销资本主义经济政治制度和文化价值观，压制和攻击不同性质的意识形态的传播和发展，从而占领了国际舆论宣传的制高点。它们不仅拥有信息技术极强的"四大通讯社"，还建立了不少闻名世界的广播电台；不仅创办了种类繁多的报纸杂志，还开发了吸引青年的社交网络平台。在西方媒体的强势传播中，资产阶级意识形态不仅在资本主义国家内部稳稳扎根，而且向全球其他地区扩散辐射；不仅被西方社会科学界奉为圭臬，而且无声渗透进民众的日常生活。特别是进入全媒体时代，"资本主义的媒介控制不仅帮助资产阶级进行有效的意识形态传播和控制，同时也成为资本主义争夺和控制国际话语权的重要手段"[①]。

[①] 王玉鹏：《媒介帝国主义与资本主义意识形态话语权批判》，《马克思主义研究》2020年第5期，第130页。

不可否认，中国的对外传播在传播内容、传播方式、传播队伍、传播受众等诸多方面都难以与西方传播体系相匹敌，因而限制了社会主义意识形态国际话语权的提升。就传播内容而言，中国传媒机构所报道的内容比较单调，常被国际社会看作是"在世界范围内为中国共产党做宣传"，因而难以对国际社会产生吸引力、感召力。就传播方式而言，中国对外传播主要是通过新闻报道、会议发言和文艺表演等方式，在学术成果跨国流通和大众文化传播等方面力量还比较薄弱。就传播队伍而言，中国对外传播的主体主要是国家领导人、政府机关和主流媒体，民间组织、百强企业、知名学者、公民个体以及海外华侨等的传播力量还未充分发动起来，尚未形成国际传播合力。就受众范围而言，中国媒体的国际认可度亟待提高。总之，必须在社会主义意识形态国际传播能力建设上下一番真功夫，才能更好向世界讲述中国故事，展现中国特色，传播中国精神，进而增强中国的意识形态国际话语权。

三、"人类命运共同体"理念与我国意识形态国际话语权建设

现今，和平发展、合作共赢的国际共识日渐强烈，国家间休戚与共、互通有无的程度不断加深。但是，疾病传染、网络安全、生态危机等全人类面临的挑战与日俱增，许多难题并非一国之力所能解决。为此，具有世界视野、人类情怀的中国，站在全球共同发展、人类文明进步的高度，提出"人类命运共同体"建设方案，并通过搭建国际平台深化经济合作、提高政治互信、推进文化互鉴，同时也借此契机讲好中国故事、传递中国价值、阐释中国特色，推动我国意识形态国际话语权不断跃升。

（一）"人类命运共同体"理念是全球治理的中国方案

和平与发展仍是当今时代主题，但云谲波诡的国际局势危机四伏。一方面，国际社会逐步结成"一荣俱荣，一损俱损"的依存关系；另一方面，整个世界面临着越来越多的不确定因素，各类安全缠绕交织，各种危机此起彼伏。面对威胁和阻碍全人类生存与发展的诸多难题，任何国家都不能冷眼旁观，也没有哪一国家可以独自应对。为此，习近平主席多次在国际场合强烈呼吁构建人类命运共同体，齐心协力建设美好新世界，积极贡献了重塑全球治理体系、促进文明进步的中国方案。

"人类命运共同体"理念是对以资本主义强权统治为根本特征的全球治理体系的时代重构。首先，"人类命运共同体"理念倡导全球治理主体平等。冷战结束后，资本主义全球扩张异常凶猛，并在此基础上建立了以西方资本主义阵营为主角的国际秩序和全球治理体系，掌握国际事务裁判权和国际规则制定权，而实力薄弱的第三世界国家长期处于国际舞台的边缘，缺乏话语权，甚至不得不忍受被宰制的痛苦。而今，抓住经济全球化发展机遇的金砖国家、新钻国家等新兴经济体不断崛起，要求获得公平公正的对待，实现自身合理利益诉求。所以"人类命运共同体"理念提倡国际主体平等相待、民主协商、携手共进。其次，"人类命运共同体"理念倡导全球协商治理。在一个以西方国家为主导的国际秩序中，资本主义强国往往拥有更大的话语权，而发展中国家的主张和诉求常常被忽略。但是，这种维护少数资产者利益的全球治理体系，在推行过程中不但无法彻底解除全球性危机，反而致使全球性矛盾问题愈演愈烈。[①] 所以"人类命运共同体"理念呼吁国际

---

① 刘同舫：《人类命运共同体对全球治理体系的历史性重构》，《四川大学学报（哲学社会科学版）》2020年第5期，第8页。

主体间共商、共建、共享，相互尊重、民主协商。最后，"人类命运共同体"理念倡导公平的全球治理责任。积极履行全球治理责任是有效应对危机、化解风险的必然要求。但是，在现存全球治理体系下，西方国家总是奉行"双重标准"，将治理责任和行动要求推脱给广大发展中国家，并且多次"退群毁约"，扰乱国际秩序，损害国际公平。为此，中国将秉持正确的义利观，勇担维护国际公平正义的责任。

（二）"人类命运共同体"理念引领我国意识形态国际话语权建设

首先，"人类命运共同体"理念是对世界历史发展趋向的理性把握。近代以来，受高额利润的驱动，资本在资产阶级的庇护下大肆向全球扩张，使世界各国成为国际分工体系的一个部分，同时也使各民族的历史支流汇入世界历史的长河。如今，全球化潮流浩浩汤汤，国与国之间"你中有我，我中有你"的联系无法切断。随着生产方式日益完善，人类社会必将走向"真正的共同体"。因此，"人类命运共同体"理念既是一种遵循历史规律的理性选择，也能够实现各国局部利益与人类整体利益的有机统一，具有高度的历史前瞻性和现实合理性。

其次，"人类命运共同体"理念是对霸权主义政治秩序的时代重构。"二战"以来，以美国为首的资本主义阵营仗势欺人、专横霸道，在各类场合和各个领域欺压小国和弱国，并且为了一己私利频繁在世界各地挑起摩擦和冲突，侵犯别国核心利益，破坏世界和平稳定。但是，进入21世纪以来，新兴市场国家的群体性崛起改变了国际力量格局，广大发展中国家要求平等、民主的呼声日益高涨。所以，"人类命运共同体"理念坚决摒弃资产阶级"你死我活"的传统思维和"赢者通吃"的游戏规则，呼吁加快构建互利共赢的国际关系，彻底打碎不合理、不公正的霸权主义国际旧秩序，使世界人民携手共建地球美好家园，共享人类文明发展硕果。

再次，"人类命运共同体"理念是对"国强必霸"传统逻辑的有力驳斥。改革开放40多年的砥砺奋进和开拓创新，使中华民族走上了一条由富到强的康庄大道。如今，中国经济总量长期位居世界第二，同时还是世界第一大制造国和出口国，中国的建设发展不仅惠及中国老百姓，而且为世界人民增添福祉。但是，一些旁观着中国迅速崛起的西方大国，开始胡乱猜疑、误判局势，接连炮制"中国威胁论""修昔底德陷阱"等政治论调，妄图通过制造国际舆论压力实现遏制中国的目的。立足新时代的历史方位，中国共产党不但向全世界作出"中国无论发展到什么程度，永远不称霸，永远不搞扩张"[①]的承诺，而且呼吁联袂建设"人类命运共同体"。这既彰显了中国是维护世界和平的坚定力量，同时也打破了西方"国强必霸"的传统逻辑。

最后，"人类命运共同体"理念是对全球危机持续发酵做出的正确反应。进入21世纪以来，恐怖主义、金融风险、生态恶化、资源短缺、全球变暖、网络安全等难题层出不穷，威胁世界和平与人类发展的不稳定不确定性因素日益增多。在此严峻态势下，世界各国人民本应团结一心、同舟共济，共同商讨和解决难题。但是，某些零和思维根深蒂固的资本主义大国，为了实现一己私利，巩固自身霸权地位，不惜采取损人不利己的手段，挑起贸易摩擦和冲突，增加了对世界和平发展的威胁。对此，作为有担当的负责任大国，中国承袭天下为公的文化传统，号召国际社会树立命运共同体意识，消除小圈子思维，树立大家庭观念，摒弃意识形态争论，识破文明冲突陷阱[②]，为解决当前区

---

① 习近平：《决胜全面建成小康社会　夺取新时代中国特色社会主义伟大胜利》，《人民日报》2017年10月19日，第2—4版。

② 习近平：《在第七十五届联合国大会一般性辩论上的讲话》，《人民日报》2020年9月23日，第3版。

域性和世界性难题寻找方案、贡献力量，充分展现了大国风范和责任担当。

（三）在推进"人类命运共同体"理念落地实施中提升我国国际话语权

第一，在共建"一带一路"中讲好中外合作共赢故事，提升中国道路国际话语权。借助"一带一路"合作契机提升中国国际话语权，要求我们讲好中国和平发展、合作共赢故事，提升中国道路影响力。具体而言：一是讲好崇尚和平的民族优良传统，展现"协和万邦"的宽广胸襟，以实际行动证明我国走和平发展道路的坚定信念；二是讲好"亲、诚、惠、容"周边外交理念，展现中国亲仁善邻、合作共赢的诚心和善意，消除周边国家的疑虑和误解，携手维护地区和平稳定；三是讲好中国现代化建设故事，展现中国人民砥砺奋进的伟大创造，支持各国依据国情和实际选择自身发展道路，共同反对强权政治，维护国际公正。

第二，在国际场合实事求是宣传改革开放伟大成就，凸显社会主义制度优势，提升中国制度国际话语权。社会主义制度优势不靠自吹自擂而是有凭有据的，直观表现为中国综合国力的显著提升，切实体现在中国百姓社会生活的各个方面。我国在改革开放进程中取得的一系列伟大成就，有力证明了中国特色的社会制度是能够推动中国昂首阔步、确保实现民族复兴的制度，是具有鲜活生命力的制度。因此，当西方政客贬斥中国共产党领导制度或社会主义市场经济体制时，中国有必要在联合国大会、G20峰会等国际舞台表明立场、澄清事实，使国际社会逐步认可中国人民通过不断革新和完善社会制度实现国强民富的坚苦努力，进而获得国际社会的更多理解和更大支持，提升社会主义制度话语权和认同度。

第三,在中外人文交流合作中展现中华文化独特魅力,提升中国文化国际话语权。中华文化既是中华民族"乘风破浪"的精神养分,也是世界文明百花园不可或缺的一抹色彩。2012年以来,为统筹文化对外传播、交流和贸易,讲好中国故事,传播中国声音,党和政府先后印发了一系列指导性文件,大力支持国家文化软实力建设。但是,受西方话语霸权挤压、传统文化转化创新不足、对外文化传播能力较弱等限制,我国文化的国际影响力亟待提高。为此,一要在中外人文交流互鉴中重视对传统文化理念的准确阐释和转化创新,扩大中华文化的辐射范围,展现中华文化的独特魅力与发展活力。二要在文明对话交流中坚守中华文化立场,弘扬国际共产主义精神,贡献更多中国经验和中国智慧。三要推动文化产业"走出去",加大具有民族特色的国际文化品牌培育力度,为世界贡献丰富多彩的国际文化产品。

❖ **相关链接**

共建一带一路让全球受益[①]

共建"一带一路"是一项伟大的历史性工程。共建"一带一路"让全球受益,世界紧密相连,人民民心相通。共建"一带一路"的内涵和使命正随着时代发展而不断深化。

……

事实说明一切。共建"一带一路"让全球受益,世界紧密相连,人民民心相通。中国邀请大家搭乘发展的"快车",这种互利共赢的发展合作必将让世界更加和谐美好。

---

① [埃及]李哈布·马哈茂德:《共建一带一路让全球受益》,《人民日报》2019年6月24日,第16版。

四、中国构建社会主义意识形态国际话语权的现实路径

我国意识形态国际话语权建设虽已取得重大进展,但仍然难以同西方国家并驾齐驱,特别是人云亦云现象广泛存在。新时代要有新气象,提高我国国际话语权必须革故鼎新、全盘谋划。具体而言,持续增强我国综合国力是坚实根基,增进世界各国共同利益是关键举措,构建国际话语传播体系是切实保障。

(一)根基:持续增强我国综合国力

意识形态国际话语权是国家文化软实力的集中体现,其基础是国家经济、军事、科技等硬实力。没有硬实力作支撑,话语权就是空中楼阁,所谓"弱国无外交"正是此理。随着我国国力愈益强盛,"中国模式"吸引了国际社会诸多目光,中国方案也获得更多主权国家与国际组织的支持,中国意识形态国际话语权稳步提升。由此可见,增强综合国力是提升国际话语权的根本之策。

其一,恪守经济建设中心不动摇,奠定意识形态国际话语权的"硬实力"基础。改革开放的历史充分证明,做好经济建设这个中心工作既是实现强国富民的根本途径,也是提升我国国际话语权和影响力的根本要求。当前,国际话语格局总体上还是"西强我弱",主要原因是我国综合国力还不能与美国比肩。为此,作为世界上最大的社会主义国家,中国必须继续坚持解放和发展生产力这一社会主义本质要求,全面增强我国硬实力,为我国争夺意识形态国际话语权提供坚实基础,为彰显社会主义制度优越性提供事实明证。

其二,着力提高国家文化软实力,为我国巩固意识形态国际话语权提供重要精神支撑。文化软实力与国际话语权实际上是一体两面的关

系,文化软实力侧重吸引力,而国际话语权侧重影响力。[①] 提升国际话语权离不开软硬实力的共同支撑。就软实力而言,一要坚定文化自信,充分挖掘中华文化宝库中的哲学思想、人文精神和道德准则,结合时代需求加以创新运用,提高文化吸引力、亲和力;二要整合利用优质话语资源,发挥社会主义核心价值观的引领力,提高"中国价值"的国际认同度;三要积极参与国际文化市场竞争,重视文化产品质量,做好文化服务工作,为提升我国文化话语权营造良好国际舆论环境。

❖ **知识拓展**

文化软实力[②]

文化软实力主要是指一个国家的思想理念、价值观念、社会制度、发展模式等所具有的国际影响力。在意识形态斗争日益尖锐的信息时代,民族文化吸引力、意识形态渗透力、社会制度感召力和外交政策影响力等文化软实力,对于赢得国际竞争主动权的作用更加突出。党的十八大召开后,习近平总书记曾就国家文化软实力建设进行了重点指导,特别是突出强调了国家文化软实力建设是实现中华民族伟大复兴的重要内容之一,为有效提高话语传播能力,切实增强国际话语权指明了前进方向。

(二)关键:增进世界各国共同利益

首先,增进世界各国共同利益是树立负责任大国形象的现实要求。

---

① 毛跃:《论社会主义核心价值观的国际话语权》,《浙江社会科学》2013 年第 7 期,第 29 页。
② 李家祥:《坚持在党的领导下不断提高国家文化软实力》,《理论导刊》2021 年第 11 期,第 126 页。

在当代，一国绝大多数需要的满足都依赖于整个世界，单个国家或民族的利益与人类整体利益的统一达到了新的历史高度。但是，某些怀抱霸权主义和零和博弈旧思维的西方大国担忧新兴国家的崛起威胁自己的"霸主"地位和阶级私利，交替采取各种手段进行打压和遏制，到处制造矛盾、挑起冲突，威胁世界和平稳定。在此背景下，中国基于世界整体利益和人类文明发展的考虑，向国际社会贡献构建人类命运共同体的发展蓝图，并通过"一带一路""亚投行"等实践平台为世界经济注入新活力，赢得国际社会高度认可，塑造了负责担当的国际形象。这表明，只有兼顾本国与别国发展利益，才能有效增强社会主义意识形态的感召力。

其次，增进世界各国共同利益能有效增强意识形态说服力和感召力。常言道，事实胜于雄辩。中国无论怎样真诚地向世界发出和平发展宣告，总会遭到国际社会的质疑和误解。所以，只有通过具体行动扩大同世界各国的利益交汇点，才能从根本上增强中国道路、中国方案的说服力。为此，一要继续推进"一带一路"国际合作，在同沿线国家和国际组织的精诚合作中增进双方利益、促进共同发展，扩大中国方案、中国主张的国际影响力和世界意义。二要支持发展中国家争取国际事务发言权，推动建立更加公平公正、共建共享的全球治理新体系。在以"弱肉强食""赢者通吃"为主导的国际旧秩序中，欠发达国家普遍处于边缘地位和失语状态。如今，广大发展中国家要求得到公平公正的对待，共享人类文明硕果，平等参与全球治理事务，拥有与国力相称的话语权。为此，作为发展中国家的代表，中国有责任为广大发展中国家争取更多的合法权益和发言权，推动世界朝着普惠均衡的方向发展。三要尊重文明多样性，促进多彩文化交流互鉴，破解"文明冲突论"和"中国模式输出论"。四要站稳人类前途命运立场，为解决全球性危机贡献中国力量，号召国际社会树立利益共享、责任共担意识，携手构建和平稳定、繁荣发展、清洁美丽的地球家园。

（三）保障：构建国际话语传播体系

首先，提炼特色话语内容。特色话语内容要围绕中国道路、制度、理论、文化等核心内容来展开。一是对外宣传中国现代化建设伟大成就。实践是最生动的教材，是最有力的辩词。中国在改革开放进程中取得的一系列辉煌成就，不仅为我国道路正确和制度优势提供了证明材料，也为世界提供了现代化建设的有益经验。二是加强新时代最新理论成果的国际传播。这既能满足国际社会了解中国的好奇心，也能为中国意识形态国际话语权树立一面旗帜。三是对外宣传社会主义核心价值观，向国际社会展现中国人民的价值取向和目标追求。四是持续推进中华优秀传统文化"走出去"。中华文化是中国傲然立世的自信源泉，对外传播国画、京剧、中医、书法等文化精华既有利于展现中华文化独特魅力，也有利于快速拉近国家间距离，为我国国际话语权赢得受众打下良好基础。

其次，提升国际传播能力。一是采用通俗易懂的话语表达。创造出像"绿水青山就是金山银山""一切反动派都是纸老虎"等既通俗易懂又深入人心的生动话语。二是拓展国际传播载体。除杂志、书籍、广播电台等载体以外，还应加强反映中国实践、彰显中国价值、体现中国精神的电影、音乐、舞蹈、文学等创作和传播，扩大辐射范围。三是充分利用国际传播平台。适时借助联合国大会、世界卫生组织会议、世界和平会议、世界气候大会等国际平台积极表达中国立场和主张；充分利用金砖国家峰会、G20峰会、世界政党大会等主场外交平台积极推广合作共赢外交理念，增强议题设置能力；通过海外孔子学院传播中华灿烂文化，传达中国真诚倡导的开放包容、交流互鉴的文明发展观念。

最后，凝聚对外传播合力。全球范围内人员跨国迁移、流动更加频繁以及互联网的开放性和自媒体平台的交互性等，客观上要求我们重新界定意识形态国际传播主体的范围。就我国而言，扩展国际传播主体范围，凝聚对外传播合力，构建全员传播格局，需充分发挥不同主体的传播力量，增强各类主体的传播自觉和自信。一是提升官方媒体的国际化水平。客观上讲，我国官方媒体的国际受众面与西方媒体相比存在明显落差。因此，必须加强人民日报、新华社、中央人民广播电台总台等官方媒体的国际化水平和意识形态国际传播能力建设。二是发挥外交官和专家学者的主力军作用。外交官既是双边谈判代表，也代表着国家形象。如今，国际学术交流活动的增加和国际教育合作的深化，使专家学者的意识形态国际传播作用日益显现。三是增强民间力量的传播自觉和自信。特别是要增强企业、民间组织和公民的国际传播自觉和自信，在经贸合作、文化交流、出境旅游等过程中主动传播中国文化，展现中国精神。四是重视海外华侨华人和国际友人的传播力量。既要激发华侨华人热忱的爱国情感，培养华侨华人坚定的文化认同，也要重视国际友人对于塑造国家形象的积极力量。

经典案例

海外华侨华人和国际友人是塑造中国国际形象的重要力量

在全球化的巨浪中，人口跨国流动越来越频繁，客观上推动了全球生产要素的优化组合，为培育丰富多彩的世界市场以满足世界人民的美好生活需要创造了有利条件。人口跨国流动限制条件的放松，不仅产生了大量加入外国国籍或长期定居国外的华侨华人，也为渴望探索和了解中国古老文明的外国友人提供了便利。在人来人往中，中国更加了解世界，而世界也更加理解中国。海外华侨华人仿若一张张异中有同的中国名片，而外国友人也如同一支支描绘中国形象的神笔。无论是海外华侨华人还是外国友人，他们既可能提升中国形象，也可能破坏中国国际形象。因此，必须充分重视海外华侨华人和国际友人对于中国国际形象塑造的重要作用，以便向世界客观、全面、立体地呈现砥砺前行的中国。

习近平总书记高度关注侨务工作和海外侨胞的生活状态，充分肯定海外华人华侨对祖国建设和民族振兴作出的重要贡献。2013年，习近平在致世界华商大会的信中说道，中国改革开放事业取得伟大成就，广大华侨华人功不可没。早在福建工作时他就强调，海外华侨华人是中华民族的一部分，无论处于什么时代，全世界华侨华人命运始终与祖国的命运连在一起。时下，全球华侨华人仍在各个领域为祖国现代化建设添砖加瓦，为民族伟大复兴奔走呼号。菲律宾红烛基金会交流部主任张杰指出，在"一带一路"建设持续推进、改革开放继续深入的背景下，华侨华人在传播中国形象、推动中外合作方面可以做的越来越多。纽约华星艺术团团长梁冠军表示，在海外传播中华文化、讲好中国故事是其重要使命。2020年，面对危及全人类的新冠病毒，大量海外华侨华人用自己的爱心和行动支援当地居民抗击疫情，生动诠释了中华儿女"世界大同，天下一家"的博大胸襟和良好形象。

回顾历史，马可·波罗、白求恩、李约瑟、斯诺等国际友人，都成了推动中西文化交流互鉴的殷勤使者。1979年8月，邓小平举杯致谢著名历史学家费正清在恢复中美关系中所做出的贡献。2019年7月，美国社会学家傅高义参与执笔的公开信《中国不是敌人》在《华盛顿邮报》上发表。总之，外国友人对中西文化交流和中国形象塑造产生的影响不容小觑。

据《华侨华人蓝皮书（2020）》数据显示，总体上看，海外华侨华人的数量已经从20世纪80年代的2300万增长到如今的近6000万，分布范围更是遍布全球。因此，身处矛盾冲突不断凸显的新时代，面对世界百年未有之大变局，需充分激发海外华侨华人的爱国热忱，广泛汇聚民族复兴的智慧和力量，高度重视国际友人对我国国际形象的塑造作用。

后 记

意识形态安全是国家安全的重要组成部分,是维护国家安全与核心利益的精神屏障。习近平同志高度重视意识形态安全的建设工作,强调在意识形态领域斗争上,我们没有任何妥协、退让的余地,必须取得全胜。面对世界百年未有之大变局,我国的国家意识形态安全面临来自国内外的多重风险。因此,加强国家意识形态安全建设,对我国实现伟大的历史使命和奋斗目标具有十分重大的意义。并且,意识形态安全风险已渗透到社会生活的各个领域,存在于日常生活中的"你我他"之间。因此,有针对性地开展国家意识形态安全的知识普及,提高广大人民群众的意识形态安全风险防范意识,同样具有必要性和紧迫性。本书以通俗易懂的语言详细阐述了国家意识形态安全各领域面临的威胁与挑战,以及维护的途径与方法,具有一定的理论价值和现实意义。

本书的写作规划、大纲设计、具体要求,都经过编写组共同讨论确定。为了把意识形态安全这一复杂的问题用通俗易懂的方式讲明,编写组成员广泛参阅了国内外同行的相关研究。同时,针对重点和难点问题,编写组多次召开研讨会,并请教专家,以解决写作问题。本书由高德胜主编,周笑宇担任副主编。具体分工如下:高德胜、周笑宇负责全书的设计、统稿、审订和文字校对,王亚蓉和高德胜负责导言的撰写，凌海霞负责第一章的撰写，杨羿负责第二章的撰写，潘明负责第三章的撰写，季岩负责第四章的撰写，丁泓茗负责第五章的撰写，贾晓旭、贾小萱负责第六章的撰写，王亚蓉、曲鹏芳和凌海霞负责第七章的撰写，周笑宇和高德胜负责第八章的撰写，李玲负责第九章的撰写。

  本书在撰写过程中，广泛参阅了国内外同行的相关研究成果，在此表示感谢！感谢编辑的辛苦工作与包容，她们不仅对书稿进行仔细的文字加工，还针对性地提出了许多宝贵的修改意见。同时，因著作内容体系复杂，书中的错误和不成熟之处，还请同行专家学者与读者批评指正。

高德胜

2021年12月于哈尔滨工业大学